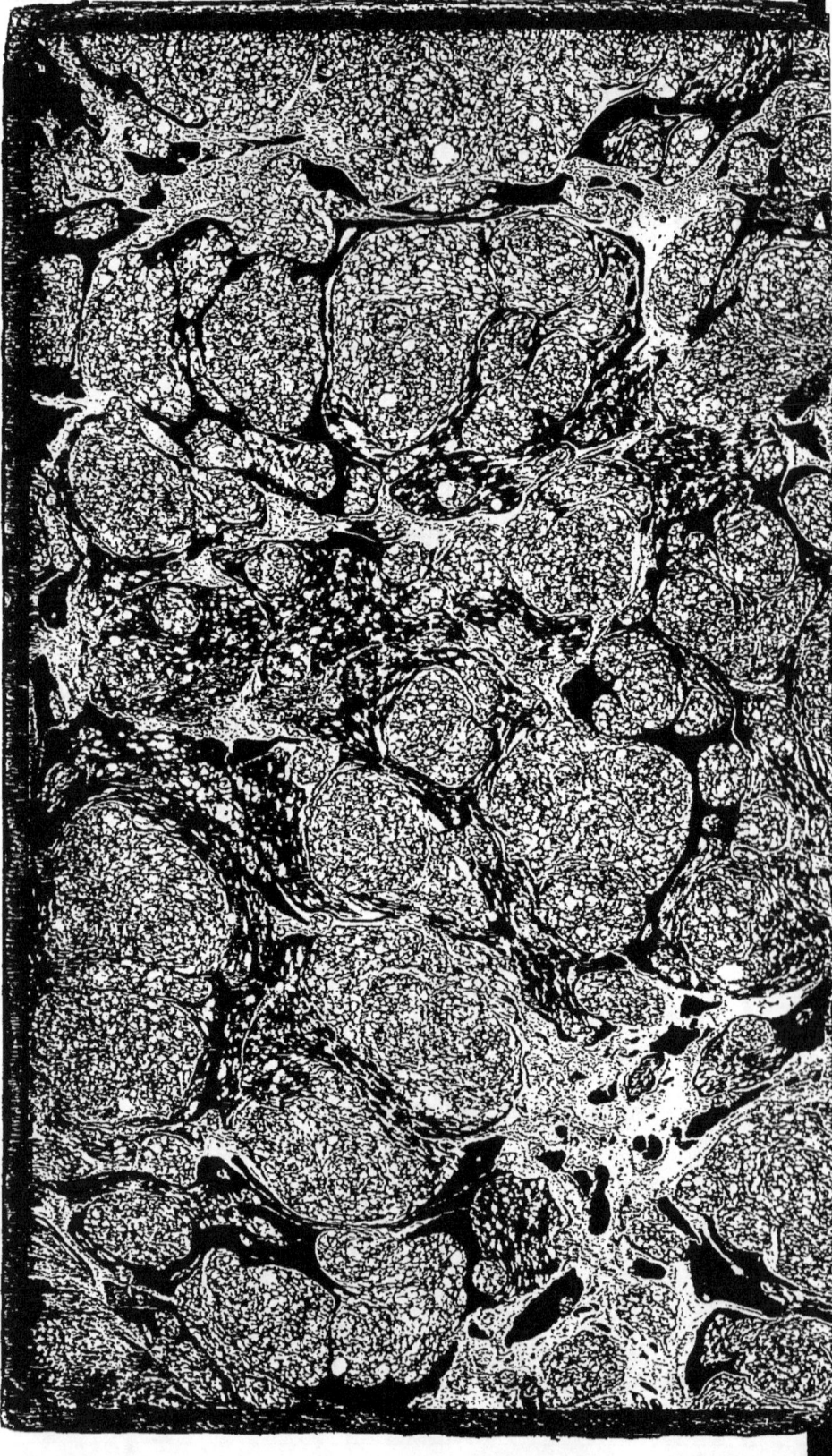

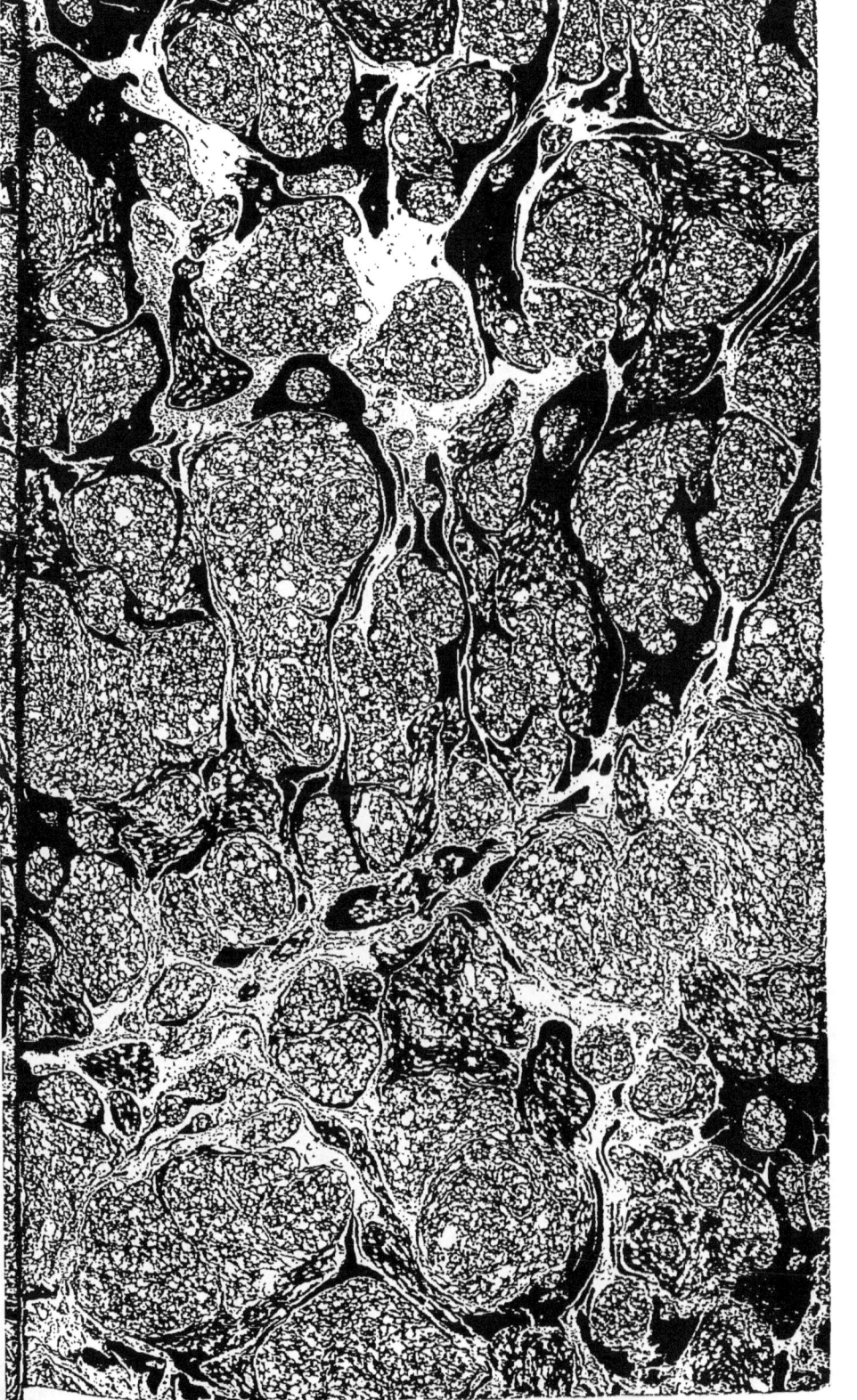

Ll 25/3

L

Donné par M. de Saint-Mauris

APERÇU

SUR L'ORDRE DE SAINT-GEORGE

DU COMTÉ DE BOURGOGNE.

APERÇU

SUCCINCT

SUR L'ORDRE DES CHEVALIERS

DE

SAINT-GEORGE

DU COMTÉ DE BOURGOGNE,

SUIVI

DE SES STATUTS ET RÉGLEMENS,

ET DE LA LISTE DE TOUS LES CHEVALIERS QUI Y ONT ÉTÉ REÇUS DEPUIS SA PREMIÈRE RESTAURATION DE L'AN 1590 JUSQU'A CE JOUR.

1833.

VESOUL.

IMPRIMERIE DE C.-F. BOBILLIER.

JUILLET 1834.

INTRODUCTION.

Si l'on considère sans aucune prévention que les institutions les plus brillantes ne se sont soutenues que par l'appât des émolumens, des dignités, des places et des honneurs qui y étaient attachés, ou auxquels elles conduisaient, et que d'après ce pénible aveu l'on observe que la noble et généreuse institution de la chevalerie de Saint-George, dénuée de cet attrait, puisque ses statuts au contraire les proscrivaient, imposant à ses membres des prestations et sacrifices pécuniers annuels, indispensables pour subvenir aux dépenses des offices, réceptions, banquets, aumônes, et autres frais du corps, qu'ils exerçaient chaque année, particulièrement à l'époque de leurs assemblées, et que pour maintenir une parfaite égalité entr'eux ils leur enjoignaient la plus grande simplicité, ne connaissant d'autre préséance ni distinction que celle des dates de réception, excluant tous titres et dénominations fastueuses pour maintenir l'égalité et l'harmonie la plus fraternelle durant leur réunion : on se convaincra que le plus sublime dévouement et l'accord de toutes les vertus chevaleresques les plus épurées, ont seuls pu soutenir une aussi illustre et honorable association durant six siècles, dans une pureté de principes, de pratique et d'union qui a toujours mérité la vénération générale, et tout particulièrement celle de ses concitoyens, quoique les membres qui s'y dévouaient fussent toujours issus du sang des races les plus illustres, et souvent même de celles des souverains du pays, et constamment élevés aux plus éminentes dignités ecclésiastiques, civiles et militaires.

Toute personne qui se sera livrée à quelques recherches, aura acquis la certitude qu'il existe encore dans nos dépôts d'actes, malgré leur dilapidation, suite inévitable de tous les fléaux qui ont si constamment désolé notre malheureuse patrie, nombre de chroniques et manuscrits qui attestent que telle fut toujours la loyauté de nos bons et valeureux Francs-Comtois, que malgré leur éloignement de la métropole, qui les privait non-seulement des faveurs, mais même de tous secours de leur souverain dans leurs détresses, et les exposait sans cesse aux invasions et brigandages des peuples voisins, leur intrépide énergie et incorruptible fidélité ne se démentit jamais, et ce n'est pas seulement aux preux chevaliers de Saint-George, mais bien aussi à la noblesse et à toutes les classes des habitans du pays en général, que l'on doit rendre cette honorable justice, les ayant toujours secondés avec une valeur et une fidélité à toute épreuve et au-dessus de toute éloge, se glorifiant en toute occasion de les avoir toujours tous pour chefs ou à leurs côtés dans les dangers, autant que ceux-ci étaient fiers de conduire de tels hommes. De cette confiance et noble émulation mutuelle jaillit une foule de traits remarquables de vertu et d'héroïsme, dont il est pénible de voir le souvenir perdu pour la postérité; dans un siècle où il serait si important de lui représenter de tels exemples et modèles, on a bien à regretter que quelque illustre écrivain sorti de son sein, tel que pourrait être M. Charles Nodier, aussi digne par ses qualités et son talent de la confiance de ses compatriotes, que de leur haute estime et admiration, ne se fût pas chargé de recueillir tant de traits héroïques aussi honorables pour notre nation, que propres à la soutenir au niveau de ses ancêtres. Nombre d'auteurs et de manuscrits qui nous restent encore malgré nos désastres, et dont on trouvera la liste ci-après, fourniraient encore les matériaux et les détails nécessaires pour parvenir à cette entreprise, qui figurerait avec distinction au premier rang des fastes de la province, y retrouvant mémoire de grand nombre de hauts faits d'armes et particularités intéressantes, notamment à l'occasion des guerres de religion, des incursions si réitérées de partisans, telles que la Corne de Rougemont, des Suédois en 1632, des Lorrains sous Tremblecourt, des brigands qualifiés les Ecorcheurs, toujours si vigoureusement dispersés ou refoulés dans leurs pays, ainsi que dans les relations de la guerre de dix ans, et celle de la conquête de la province, et des siéges mémorables qui en découlèrent, tels que ceux de Dôle, de Besançon, Gray, Vesoul, Poligny, Saint-Hippolyte, Luxeuil, Faucogney, Lure, etc., et de nombre de places et châteaux où commandaient et se distinguèrent tous avec autant de persévérance que de valeur et de fidélité, les chevaliers de Saint-George et leur brave et fidèle garnison.

La réunion et le développement de tant de hauts faits mémorables, particuliers, formant une masse de gloire qui établit incontestablement celle de la Nation, rentrent par conséquent dans le domaine de celui qui en entreprendra l'histoire, tâche qui exige nécessairement instruction, talent et espace. Je dois donc me borner à compléter autant que possible la liste de tous les chevaliers reçus dans l'ordre de Saint-George, en résumant à cet effet toutes celles extrêmement incomplètes qui nous restent et qui ne s'étendaient que jusqu'à l'an 1768; encore pourra-t-on difficilement parvenir à la rendre parfaitement exacte, ayant à regretter la perte des registres originaux de cet ordre, si importans non-seulement pour ce sujet, mais pour une multitude de traits historiques du plus grand intérêt qui s'y trouvaient exactement inscrits, seule source qui eût mérité complète confiance; n'ayant plus pour base que l'ouvrage de Gollut, entaché d'une telle négligence qu'on y remarque sans cesse qu'il a interverti, non-seulement l'ordre des dates de réception des adeptes, mais même celles des assemblées annuelles; plus quelques certificats authentiques de 1767 et autres, une attestation accordée par l'ordre assemblé en 1784 à la famille de Saint-Mauris, faisant droit à une requête ou réclamation qu'elle lui avait adressée pour lui demander justice d'une foule d'erreurs, transpositions, omissions, incorrections qui s'étaient glissées à leur détriment dans un ouvrage anonyme, intitulé *Statuts et Liste de Messieurs les Chevaliers de Saint-George*, imprimé sans son aveu en 1768, dont néanmoins un exemplaire avait été distribué à chaque chevalier; mais loin d'en sanctionner l'édition, elle fut au contraire nombre de fois obligée de la désavouer et réfuter, et même dans le cas ci-dessus d'ordonner à son secrétaire d'en corriger à la main les erreurs multipliées, faisant injonction à chaque chevalier d'en reproduire à cet effet son exemplaire pour que vérité y fût rétablie, ce que la plupart négligèrent, mais qui justifie les corrections à la main que l'on remarque sur ceux qui ont été reproduits; toutes pièces authentiques qui se trouvent encore aux archives de la maison de Saint-Mauris, ainsi que deux relevés par extrait des registres originaux, signés et scellés de Giroz son secrétaire par ordonnance de l'ordre en 1767, accompagnés d'une lettre d'envoi explicative de Monsieur le marquis de Grammont, lieutenant-général des armées du roi, alors son gouverneur, portant que lesdits relevés n'ont pu comprendre les chevaliers reçus à l'époque de la première restauration de 1390 jusqu'en 1448, attendu que ces registres n'existent plus dans les archives de l'ordre, le plus ancien qui s'y retrouvait alors portant la date de 1448. Mais y retrouvant l'époque de la mort de 28 chevaliers dont les réceptions ne s'y trouvent pas énoncées, cela constate incontestablement que leurs réceptions avaient été inscrites sur un registre antérieur à celui-ci, dont l'ordre avait déjà à regretter la disparition.

Nonobstant les erreurs multipliées de l'in-octavo imprimé en 1768, cité ci-dessus, on n'a pas négligé de le consulter aussi et de s'y conformer dans tout ce que l'on a reconnu et vérifié se trouver exact, notamment en ce qui concerne les statuts et les réglemens.

Il devait être réservé à notre siècle orgueilleux, ingrat et félon, de poursuivre tout ce qui était pur et révéré : ne pouvait donc se soustraire à cette proscription une fraternité d'armes essentiellement protectrice des pauvres et des malheureux, qui toujours eut l'honneur pour but, la vertu pour guide, et la bienfaisance pour unique récompense; constamment utile à tous sans pouvoir nuire à aucun, puisqu'elle ne se soutenait que de sa propre substance; qu'elle n'avait et n'employait de crédit que pour faire le bien, et que ses membres ne réclamèrent jamais d'autre privilége que d'être toujours les premiers au danger pour protéger et défendre leur souverain et leur patrie, et se cotiser pour venir à leur secours ainsi qu'ils l'ont fait en plusieurs circonstances. Leur décoration sans doute les offusquait : qu'était-elle cependant? qu'un insigne pour se reconnaître et se secourir au besoin. Et quel insigne? l'effigie de Saint-George (telle qu'on la voit sur le frontispice), patron né de toutes les chevaleries, emblème de leur piété, qui indiquait également l'esprit et les vertus qui les animaient et les réunissaient, soutenue par un ruban qui n'était autre que la livrée de leur prince et de leur pays, conséquemment l'emblème de leur profond dévouement à l'un et à l'autre. Aussi tout ce que purent faire de mieux en sa faveur nos excellens autant que malheureux princes à l'époque de la restauration, entravés et maîtrisés par l'esprit destructeur du moment, en cédant provisoirement à cette influence contrairement à leurs sentimens intimes, fut, en interdisant pour le moment aux chevaliers de Saint-George de nouvelles réceptions, de les distinguer des autres ordres supprimés, en leur permettant du moins de continuer leur assemblée de bienfaisance et de porter leur décoration.

Ces augustes princes, aussi éminemment bons que généreux, n'oubliant jamais que les offenses, avaient remarqué et se rappelaient sans doute, ainsi que le témoignait leur bienveillance pour ces fidèles chevaliers, qu'en toute circonstance ils les avaient retrouvés dignes de leurs ancêtres par l'énergique dévouement avec lequel ils s'étaient prononcés dans toutes les phases de la révolution, comme en effet on peut remarquer que dès le siége de Nancy, qui fut son coup d'essai, le général, son aide-de-camp et deux capitaines de carabiniers, tous quatre de cet ordre, se signalèrent avec l'intrépidité la plus téméraire. La suite d'insurrections dont celle-ci avait été le signal, décida alors la généralité de ces preux gentilshommes, quoique plusieurs de ses membres fussent déjà plus que septuagénaires, à sortir aussitôt du royaume pour rejoindre ce magnanime prince de Condé héros de la fidélité, et formèrent sous ses ordres le premier noyau de la nombreuse compagnie de Franche-Comté qui se distingua par sa persévérance et son zèle (1); tandis que les plus jeunes ou en activité de service s'empressaient d'entourer les princes frères du roi, pour se réunir au superbe corps de cava-

(1) C'est alors que les chevaliers de Saint-George qui formaient à Besançon le conseil permanent élu annuellement par l'ordre pour suivre ses intérêts et ses intentions bienfaisantes, jaloux de savoir déjà leurs confrères d'armes réunis outre Rhin, sous le drapeau sans tache de l'honneur et empressés de les y joindre, voulant cependant auparavant chercher à mettre en sûreté les archives, les portraits donnés par leurs rois, les décorations et autres trophées de leur ordre, les firent porter de nuit chez une dame de cette ville dévouée à la cause royale, espérant que son sexe la mettrait plus à l'abri des soupçons et perquisitions des féroces suppôts de la révolution; mais étant morte peu d'années après et ayant sans doute été réduite dans les crises de la terreur à sacrifier aux flammes ce précieux dépôt, ils n'en retrouvèrent aucune trace à leur rentrée en France, ses héritiers leur ayant déclaré n'en avoir eu aucune connaissance.

lerie qui était sous leurs ordres. Les irrésolutions des puissances qui avaient annoncé vouloir le soutenir, ayant fait échouer une si noble entreprise, ayant constamment contrarié et comprimé le courage et la fidélité de ce prince magnanime, qui, comptant à juste titre sur celle des chevaliers de Saint-George, avait confié spécialement à quelques-uns d'entr'eux des commissions de la plus grande importance, notamment celle d'une invasion en France par la Franche-Comté, pour laquelle il avait désigné pour chef de corps d'infanterie et de cavalerie plusieurs d'entr'eux, sous les ordres d'un intrépide général aussi choisi dans leur sein, et avec le concours de tous les chevaliers de cet ordre qui s'étaient réunis aux armées royales; mais que ces puissances toujours jalouses de celle de la France firent également avorter, en faisant aussitôt reculer l'armée de Condé à vingt lieues loin des frontières. Plusieurs d'entr'eux rentrèrent en France avec l'assentiment du Roi, croyant pouvoir y être plus utiles que dans leurs corps, dont on était parvenu à paralyser l'ardeur, et dès qu'on eut l'espoir d'une restauration, deux de leurs chevaliers au nom de leur corps passèrent le Rhin pour aller au-devant de Monsieur, lui porter les expressions de leur dévouement et prendre ses ordres. Sensible sans doute à ce nouveau témoignage de persévérante fidélité, c'est de préférence à leur chef que ce prince adressa à Vesoul son commissaire précurseur pour connaître l'esprit du département et se concerter sur le moment et les moyens à prendre pour y rentrer; ce qu'ayant effectué, ce généreux prince avec la noble confiance qui caractérise si bien une ame pure, courageuse et élevée, gratifia mais remercia la superbe garde d'honneur que lui avaient envoyée aussitôt les Russes, *en disant qu'étant en France et entouré de Français il n'en avait désormais plus besoin ;* aussitôt un grand nombre de chevaliers de Saint-George vinrent lui rendre leurs hommages, et plusieurs l'entourèrent constamment, ainsi que nombre de gentilshommes et sujets fidèles, durant trois semaines qu'il passa dans cette ville, et jusqu'à son départ pour Nancy, où quatre chevaliers de Saint-George furent aussi les premiers à stimuler la noblesse pour aller lui offrir leur dévouement. Enfin le Roi une fois réclamé par la masse des Français, les trois départemens de la province croyant faire chose qui lui fût agréable, nommèrent nombre de chevaliers de Saint-George parmi leur députation, pour lui exprimer leurs vœux, auxquels se joignirent tous ceux qui en eurent la possibilité, et dès cette époque ces augustes princes, pour témoigner aux chevaliers de Saint-George que s'ils ne pouvaient dans ce moment rétablir le corps, ils voulaient du moins marquer à chacun d'eux leur satisfaction de leurs services. Quoiqu'ils fussent peu nombreux, ils choisirent dans leur sein successivement quatre pairs de France, un évêque, un commissaire du roi, des ambassadeurs en Suisse et en Espagne, des aides-de-camp du Roi et commandans de département, quatre inspecteurs généraux et un colonel chef d'état-major de garde nationale, trois préfets, un officier supérieur et plusieurs officiers particuliers des gardes du corps et des gardes de Monsieur, nombre de capitaines et officiers de la garde royale de toute arme, de secrétaires d'ambassade, de pages du Roi et autres places de confiance. Tous justifièrent ces choix par la rigoureuse observation de leur serment, leur zèle pour le bien, et le plus ardent et profond dévouement pour leurs princes chéris qui en étaient si éminemment dignes.

Mais ces chevaliers se voyant réduits à un très-petit nombre crurent, pour ne pas laisser éteindre le feu sacré, devoir concourir à de nouvelles réceptions, et à cet effet ne pouvant se réunir étant presque tous employés au service du Roi, ils désignèrent à l'unanimité quelques chevaliers à titre de commissaires de l'ordre et revêtus de leurs pouvoirs pour procéder à une restauration et confirmation de leurs réglemens et anciens sermens, ainsi qu'à de nouvelles admissions d'après leurs bases; et pour ne pas froisser les préventions du moment, ni exciter les clameurs de la malveillance et des prétentions mal fondées, par des débats relatifs aux preuves (qu'ils persistaient cependant à vouloir maintenir), ils se bornèrent à admettre seulement tous les frères et fils de chevaliers de Saint-George lorsque les mères de ces derniers se trouveraient avoir déjà fait leurs preuves. Alors furent admis sur leur serment et après avoir reçu l'accolade selon les formes chevaleresques, 32 nouveaux chevaliers dont les noms se trouveront dans la liste selon leur ordre de réception. A cette époque leur fidélité leur suggéra entre autres actes de bienfaisance de décerner des dots aux enfans premiers nés des mariages qui se célébreraient le même jour que celui de monseigneur le duc de Berri. Se conformant pour ces premières réunions rigoureusement à leurs anciens statuts, ils assistèrent régulièrement aux offices dédiés aux mânes de leurs prédécesseurs décédés et aux banquets d'usage, où furent invitées et assistèrent les autorités civiles et militaires suivant les anciens usages, et inscrivirent régulièrement toutes leurs opérations sur un registre sanctionné par les signatures des chevaliers commissaires de l'ordre et de tous les nouveaux récipiendaires, ce qu'ils continuèrent à exécuter aux assemblées des années suivantes.

On désirerait pouvoir donner des indications plus précises sur les primitives institutions de cette illustre société, qui par sa composition et sa constante conduite eût mérité sans doute plus de célébrité ; mais on chercherait en vain à se dissimuler que les richesses et l'éclat sont les seuls chemins qui y conduisent, tandis que la vertu modeste reste toujours dans l'obscurité. Il n'est donc pas étonnant de voir l'ordre de Saint-George beaucoup moins connu qu'il ne devrait l'être. Mais pour en donner une idée nous rapporterons seulement, d'après le père Fodoré page 745 dans sa narration historique de 1519, que « La confrérie de Saint-George de Châlon a » été établie sur le modèle de celle de Saint-» George-les-Sœurs en 1315, et cette dernière » sur le modèle de celle de Saint-George de Rou-» gemont ; celle-ci est donc la plus ancienne, et » ses confrères étaient chevaliers d'armes, etc. » Cette assertion déjà si positive se trouve en outre encore confirmée par celle de plusieurs auteurs, mais surtout par une charte de 1366 d'Aimont, archevêque de Besançon, qui invoque le secours des princes issus des ducs et comtes de Bourgogne, *premiers fondateurs de la confrérie de l'ordre des chevaliers de Saint-George*, et de plusieurs seigneurs du comté de Bourgogne, qu'il décline et qualifie de nobles et puissans seigneurs, savoir :

Philibert de Portier-Frolois,—Renaud de Reculot,—Ferry de Ludre,—Hugues de Châlon (marié à Blanche de Genève, quartiers : 1 Châlon, 2 Latour dite de Viennois, 3 Mello, 4 Savoye); —Louis de Châlon, chevalier croisé, (marié à Marguerite de Vienne, frère du précédent);— Tristan de Châlon (marié à Jeanne de Vienne); —Jacques de Vienne, gardien de Bourgogne, (marié à Marguerite de la Roche-Nolay, quartiers : 1 Vienne, 2 Longvy, 3 Sainte-Croix, 4....); —Henry de Vienne, chevalier banneret, (marié à Jeanne de Gouhenans, quartiers : 1 Vienne, 2 Chambly, 3 Châlon, 4 Bourgogne); —Vaucher de Vienne, chambellan du duc de Bourgogne, (marié à Isabeau d'Estouteville, quartiers : 1 Vienne, 2 Vienne, 3 Villars, 4 Bourgogne);— Jean de Vienne, amiral de France, (marié à Jeanne d'Oiselet, quartiers : 1 Vienne, 2 Rollans, 3 Chaudency, 4.....);—Hugues de Vienne, chevalier banneret, (marié à Alix de Faucogney), frère de Jacques ci-dessus,—Jean de Bourgogne; —Jean de Vergy (marié à Paule de Miolans, quartiers : 1 Vergy, 2 Neufchâtel, 3 Gruère, 4 Salins);—Hérard du Châtelet (marié à Oudette de Chauvirey, quartiers : 1 du Châtelet, 2 Passavant, 3 Bauffremont, 4........);—Charles de Poitiers, comte de Saint-Vallier, (marié à Simonne de Mery, quartiers : 1 Poitiers, 2 Vergy,

3. Flandre, 4.....); Jean de Ponte-Cisso; — Henry comte de Montbéliard, (marié à Agnès de Bourgogne);—Etienne de Montbéliard son fils (marié à Marguerite de Châlon);—Jean de Montfaucon, chevalier, seigneur du château vieux de Vuillaffans (quartiers : 1 Montfaucon, 2 Sarrebruck, 3 Montjesoie, 4.....); — Thiébaud de Blamont, gardien de Bourgogne;— Guillaume de Caseolo,—Thiébaud de Neufchâtel, — Jean du Saix, — Guy de Thoulongeon,— Henry sire de Villersexel, comte de la Roche, (marié à Guillemette de Vergy, **quartiers** : 1 Villersexel, 2 Clairvaux, 3 la Roche, 4.....); —Jean de la Rochelle, —Philibert sire de Bauffremont (marié à Jeanne de Jonvelle, quartiers : 1 Bauffremont, 2 Scey, 3 Vauvrey, 4..........); Humbert de Rougemont, chevalier, gouverneur du comté de Bourgogne, (marié à Agnès de Durnes, quartiers : 1 Rougemont, 2..............., 3 Varigny, 4.....);—Jean de Vaudrey, seigneur de Montjoie, (marié 1.° à Isabelle de Sorans, 2.° à Guillemette d'Arlay, quartiers : 1 Vaudrey, 2 Scey, 3 Scey, 4 Fertans);—Hugues d'Achey (marié à Jeanne de Chargé); — Anselme de Salins, chancelier de Bourgogne, (marié à Jeanne de Montferrand, quartiers : 1 Salins, 2......., 3 la Roche, 4.....); — Jean de Salins (marié à Mahaut de Belvoir);—Othon de Salins, (frère

des deux précédens);—Jean de Colligny;—Jean de Neialo;—Simon de Poligny, chevalier, (marié à Jeanne de Savigny, quartiers: 1 Poligny, 2 Chassagne, 3 Galaffin, 4.....);—Jacques de Granson, chevalier sire de Pesmes, (marié à Marguerite de Vergy, quartiers: 1 Granson, 2 Savoye, 3 Pesmes, 4 Courcelle);—Renaud de Victorio;—Thiébaud de Scey-Setho, (marié à Etiennette de Dompmartin, quartiers: 1 Scey, 2 Fertans, 3....., 4.....);—Amoroux de Faletans (marié à Marie de Malpertuis, quartiers: 1 Faletans, 2....., 3 Cornu, 4......);—Etienne d'Arcey;—Etienne de La Baume (marié à Huguette de Beauregard, quartiers: 1 La Baume, 2...., 3 Coligny, 4......);—Jean sire de Cusance (marié à Isabelle de Belvoir, quartiers: 1 Cusance, 2 Neufchâtel, 3 Oiselet, 4 Choiseul);—Jean de Quingey (marié à Béatrix de Vaucelle);—Odo de Quingey, bailli général du comté (marié à Jeanne de Saint-George);—Jean de Brandeduno;—Guy de Vautravers;—Jean de Montmartin, gardien de Bourgogne, (marié à Alix Mouchet, quartiers: 1 Montmartin, 2 Rougemont, 3 Dampierre-sur-Salon, 4 Mont-Saint-Jean);—Jean de Verra;—Philippe de Jonvelle (marié à Guillemette de Charni);—Pierre d'Oise;—Jeoffroy de Beaujeu (marié à Agnès de Faucogney, quartiers: 1 Beaujeu,

2......, 3 Vienne, 4.....); — le seigneur de Rahon; — Guy de Cicon, chevalier, (marié à Marguerite de Vaucelle, quartiers : 1 Cicon, 2....., 3 Gevigney, 4.....); — Jean de Thoraise; — Jean de Rye (marié à Yolande de Belvoir, quartiers : 1 Rye, 2 Neufchâtel, 3 Salins, 4 Granson); — Thiébaud de Rye (marié à Etiennette de Ruffé), frère du précédent; — Jean d'Arguel (marié à Jeanne d'Usie, quartiers : 1 Arguel, 2 Bain, 3 Avillé, 4.....); — Guy de Chatillon, (homme d'armes, marié à Alix de Chatillon, quartiers : 1 Chatillon, 2....., 3 Montagu, 4.....); — Jean de Thurey; — Renaud de Avé; — Etienne Mochet (marié à Jeanne de Sainte-Asne); — Jacques Mochet son fils (marié 1.° à Jeanne de Montmartin, 2.° à Etiennette de Saulx); — Etienne de Laissey; — Guillaume de Montrichard (marié à Marguerite de Merceret, quartiers : 1 Montrichard, 2 Andelot, 3 Salins, 4.....); — Jean de Nan (marié à Jeanne de Vienne); — Thiery de Malelaire; — Hugues de Cromary; — Etienne de Vélaime; — Gerard de Clairon, chevalier, (quartiers : 1 Clairon, 2 Scey, 3....., 4.....); — Henry de Raincourt (marié à Marguerite de Betoncourt); — Thiery d'Avenne; — Jean dit Deguoyo; — Henri de Grandvillaire; — Philippe de Montmoustier; — Renaud de Leugney, marié à Jeanne de Laviron; — Jean de

Montbozon ;—Jean de Velle ;—Jean de Vaucher de Chauvirey (marié à Anne de Nans ; quartiers : 1 Chauvirey, 2 Nans, 3 Salins, 4.....);—Guillaume d'Abans ; — Thiébaud de Montbozon ;— Philippe de Mairey ;—Renaud de Germigney ;— Jean de Cassanco ;—Richard sire de Saint-Mauris-en-Montagne, chevalier ; (du conseil d'état de régence du duc Philippe-le-Rouvre en 1349, marié à Jeanne de Vuillaffans, quartiers : 1 Saint-Mauris, 2 Saint-Mauris, 3 Venne, 4 Présentevillers);—Jean de Grassat ;—Henri de Rosières (marié à Marguerite de Luzans);—Othon d'Accollans ; — Simon de Saint-Aubin; (1) ce qui semblerait établir qu'ils étaient en effet chevaliers de Saint-George, mais cependant il ne l'articule pas, ce qui décide à s'abstenir d'en insérer les noms en tête de la liste, mais engage à les décliner ici. (Titre en latin du 15 des calendes de juin 1366, en minute aux archives du parlement, cote 52 ; et en copies légales en plusieurs autres archives.) On remarque ici que tous lesdits auteurs comme nombre d'autres qu'il serait trop

(1) On observe, non comme preuve, mais comme indice, que l'on remarquera dans la liste des chevaliers de Saint-George reçus vers l'an 1400, nombre de fils des seigneurs dénommés dans celle-ci. Vu l'extrême ressemblance de cette hypothèse, l'on a cru pour y porter quelque lumière devoir ajouter entre parenthèses les circonstances, alliances et quartiers concernant chacun de ces seigneurs que l'on a pu recueillir.

long de citer en déclinant les mêmes faits, relatent aussi que dès leur première institution les chevaliers de Saint-George ne cessèrent d'exiger des récipiendaires les preuves de quatre lignes ou races, à l'instar de l'ancienne chevalerie.

On doit encore ajouter que l'assemblée de 1550, mal avisée sans doute, crut devoir ajouter aux réglemens des preuves, que tout adepte à l'avenir serait tenu de présenter préalablement ses preuves littérales de seize quartiers remontés à 150 ans de noblesse, mesure imprudente dont elle n'avait pas prévu les inconvéniens et qui introduisit dans le sein de ce corps nombre de familles nouvelles, qui, sous l'influence de la richesse, avaient contracté quelques bonnes alliances, et celui bien plus grave encore d'en exclure plusieurs antiques races qui depuis sa création en faisaient le lustre et la gloire. Pour parer à cet abus, d'après cette expérience, on ajouta à ce réglement que le récipiendaire serait en outre obligé de prouver sa filiation et son nom jusqu'à son 10.ᵉ aïeul sans production d'anoblissement ; correctif utile pour l'avenir, mais un peu tardif et sans effet pour le passé. Ce réglement néanmoins a été maintenu et en vigueur jusqu'aux dernières réceptions. Résumant rapidement ce que l'on recueille dans ces divers ouvrages, il en résulte que la noble association de Saint-

George, formée de gentilshommes de l'ancienne chevalerie, fondée vers l'an 1300 à Rougemont par les souverains de Bourgogne, prit dès cette époque et constamment depuis, la qualification et le caractère de chevaliers confrères d'armes, ayant pour bases les preuves, les sermens et les statuts de l'ancienne chevalerie, et pour insigne et décoration ostensible un Saint-George à cheval détruisant un dragon, suspendu à une chaîne d'or, ce qui semble confirmé par une charte de 1366; que, détruite et désorganisée vers la fin du XIVe siècle par les guerres et les désastres, elle fut rétablie par Philibert de Mollans, chevalier Franc-Comtois, qui, ayant rapporté de la terre sainte des reliques de Saint-George, réunit vers l'an 1390 nombre de chevaliers et anciens gentilshommes pour les honorer et déposer dans une chapelle qu'il possédait audit Rougemont, avec engagement de s'y rassembler tous les ans dans les mêmes motifs. Que vers l'an 1400 ces pieux chevaliers, pour rendre leurs réunions plus solennelles, s'engagèrent par des statuts basés sur les principes les plus purs de la religion, de l'honneur et de la chevalerie, à se réunir à perpétuité dans le même but, et à cet effet d'établir des réglemens pour se perpétuer par des réceptions d'adeptes qui seraient ainsi que les statuts inscrits et conservés sur des registres sous la direction et présidence d'un chef inamovible, sous le nom de gouverneur, élu par le corps, lequel devait avoir pour distinction dans les grandes cérémonies un manteau de drap d'or moucheté de noir, et d'un bâtonnier qui en était comme le procureur annuel, appelé à ces fonctions par leur rang successif d'ancienneté, lequel portait durant l'année de ses fonctions un bâton d'argent richement ciselé, surmonté d'un Saint-George à cheval, qui lui était remis chaque année au pied des autels. Que dès-lors et constamment depuis, les plus grands seigneurs du pays s'empressèrent de s'y faire recevoir; aussi, comme on le verra par la liste, les voit-on constamment décorés des plus hautes dignités et des premiers ordres de chevalerie sous tous les souverains auxquels ils furent successivement soumis, étant tous militaires et portés aux premiers grades et honneurs à leur service, ou élevés aux plus éminentes dignités de l'église. Que Philippe-le-Bon, vers 1430, en témoignage de protection et de bienveillance, les autorisa à porter leur décoration suspendue à un ruban rouge à l'instar de son ordre de la Toison-d'Or. Que constamment on vit ces preux dans tous les siècles donner l'exemple de la fidélité et du courage le plus remarquable et le plus persévérant, et dont Louis XIV lui-même à l'époque de la conquête, loin de leur savoir mauvais gré de leur intrépide dévouement, leur accorda par suite de son estime et de sa bienveillance de recevoir particulièrement leur serment de fidélité en corps assemblé après la rédaction des traités qui lui assuraient la paisible possession de cette province, et en conséquence de porter désormais leur décoration à un ruban bleu qui était sa couleur et de la nuance de celui de son grand ordre du Saint-Esprit.

Par suite de la même bienveillance, les rois Louis xv et Louis xvi leur adressèrent leur portrait en pied, portant pour inscription sur l'un et sur l'autre : « Donné par le Roi *aux chevaliers de Saint-George de son comté de Bourgogne*», ainsi que sur celui dont les gratifia leur magnanime protecteur spécial S. A. R. monseigneur le prince de Condé, tous lesquels décoraient si honorablement leur superbe salle d'assemblée sise au cloître des révérends pères Carmes (1). Six siècles de gloire et de pratique d'un dévouement sans

(1) La frise des boiseries de cette salle était aussi ornée de la série des écus blasonnés des chevaliers existans, avec leurs inscriptions, cantonnés de leurs quatre quartiers, que l'on descendait à l'époque de leur décès pour être aux termes de leurs réglemens portés en cérémonie à l'église, et présentés à l'époque de leurs obsèques, puis suspendus à leur rang dans la nef, où l'on en voyait une multitude qui dataient de plusieurs siècles. Les uns et les autres furent enlevés à la suppression de ce monastère.

bornes, à Dieu, au roi et à sa patrie, semblaient devoir assurer sans doute à cet ordre un meilleur sort; mais ces vertus mêmes, ainsi que son institution, le rendant inhérent à la monarchie, durent le rattacher à sa destinée, l'ingratitude, cette vile compagne de l'orgueil qui domine notre turbulent siècle, se retrouvant dans les détails comme dans les funestes catastrophes qui l'ont voué au malheur.

Pénétré de la plus profonde reconnaissance de l'honneur insigne que mes nobles confrères d'armes m'ont décerné en m'élisant à l'unanimité pour leur chef, par une patente flatteuse, j'ai cru ne pouvoir mieux la leur exprimer qu'en en insérant les témoignages à la suite de quelques notions historiques propres à donner du moins une légère idée des services remarquables qu'ont constamment rendus à notre pays les membres du corps illustre dont ils font partie; fier de pouvoir réclamer ce titre et de m'en appuyer sous les auspices de leur approbation pour publier à mes frais cette esquisse que j'aurais désiré qu'ils soumissent à un écrivain éclairé pour la développer sur un plus grand plan, mais qui servira du moins à constater comme hommage ma vénération pour cette noble institution, et mon dévouement profond à ses principes, comme à transmettre à la postérité des actions et circonstances propres à la stimuler aux vertus chevaleresques si précieuses et cependant si méconnues dans notre siècle; suivie de la liste générale de tous les chevaliers qui y ont été admis, qu'on ne peut donner pour parfaitement complète, mais beaucoup moins défectueuse et tronquée que celles que nous avons eues jusqu'ici. Pour en justifier, on est obligé de faire observer que Gollut, après avoir déclaré avoir eu en communication les registres et papiers de Saint-George, et énoncé que sa première restauration ainsi que les premières réceptions datent de 1390, ne la commence néanmoins qu'en 1485, y admet beaucoup de lacunes, et la termine en 1592; et pour finir par où il aurait dû commencer, rapporte ensuite en deux articles, confusément et sans date de réception, les noms de 65 chevaliers des premiers reçus, dit-il, dont il a trouvé mémoire, lesquels sont indubitablement du commencement du xv.ᵉ siècle, puisque l'on y trouve les noms de beaucoup de seigneurs qui existaient à cette date, et de maisons qui se sont éteintes vers cette époque. Mais ces erreurs ne consistant qu'en omissions sont assez indifférentes, tandis que celles qu'on remarque dans la liste de l'édition in-octavo de 1768 présentent outre cet inconvénient une multitude de contradictions, de transpositions et de méprises plus essentielles à signaler, pouvant nuire par la suite à des maisons distinguées, qui auraient pu négliger d'en demander justice aux assemblées de l'ordre, y remarquant sans cesse que l'on a confondu très-souvent des maisons totalement étrangères les unes aux autres, parce qu'elles avaient des noms à peu près semblables; omis ou transposé leurs quartiers; employé pour les distinguer de fausses désignations, qui loin de remplir ce but ajoutent à la confusion; inscrit pour leurs noms patronimiques des surnoms adoptés ou imposés par des substitutions, leur donnant pour armoiries pleines celles qui ne devraient en être que les écartelures, et poussant même les méprises jusqu'à inscrire pour nom de famille des sobriquets individuels ou temporaires, ajoutant l'erreur plus blâmable encore de leur supposer des armoiries absolument imaginaires, et contradictoires à nombre d'actes, de sceaux et de monumens encore existans. Erreurs d'autant plus étranges que l'éditeur avait sous les yeux la série de tous les registres originaux de l'ordre, du moins depuis celui commençant en 1448, ayant déjà à regretter alors la disparition des précédens, ce qui indique que ces erreurs ont dû avoir pour cause son inaptitude à déchiffrer les vieilles écritures, son peu de connaissance des familles du pays, et de faculté pour un travail qui demande autant de circonspection que de précision. Pour justifier ces critiques et les corrections qu'elles nécessitent, on est obligé de faire remarquer que cet ouvrage de 1768 indique au frontispice et à la page 3 l'intention de donner la liste des chevaliers reçus depuis 1390, et que cependant à la page 30 il ne la commence qu'en 1431; date encore fort hasardée, puisque rien ne la constate, et l'on n'y trouve que quatre réceptions antérieures à 1448, tandis que le registre déjà cité ci-dessus, qui commence à cette date, et appuyé de nombre de certificats, attestations et documens, rapporte la mort d'une trentaine de chevaliers dont il n'indique pas les réceptions, preuves certaines qu'elles étaient antérieures à sa confection, conséquemment inscrites sur des registres précédens dont l'on avait déjà alors à déplorer la perte, conséquence incontestable qu'il est étonnant qui ait échappé au rédacteur de l'ouvrage de 1768, qui ne rapporte que quatre réceptions antérieures à ce registre de 1448, lequel témoigne au contraire de 30 réceptions antérieures, qu'il a donc été nécessaire de cumuler ici à celles de cette date que l'on trouve encore dans Gollut, comme il a été dit précédemment, et en élaguant les doubles emplois. On pardonnera ces insipides détails à la nécessité de justifier pleinement celles des corrections que ces remarques ont imposées.

On désirerait donner la liste complète des gouverneurs qui ont dirigé et présidé l'ordre de Saint-George depuis sa restauration, mais le peu d'exactitude des documens qui nous restent sur cet établissement ne laisse que la faculté de les rapporter, ainsi qu'ils s'y trouvent mentionnés, comme il suit :

Philibert de Mollans, seigneur de Mollans, chevalier, écuyer du duc de Bourgogne, maître-visiteur des arsenaux et artillerie des rois de France et d'Angleterre, gouverneur en 1400, comme restaurateur de l'ordre, portait d'or à trois molettes d'éperons de gueule.

Pierre de Vergy, reçu en 1500, gouverneur en 15.., portait de gueule à trois roses ou quintefeuilles d'or.

François de Leugney, seigneur de Leugney, Landresse, gouverneur d'Arguel et Montfaucon, reçu en 1556, gouverneur de l'ordre en 1579, portait de gueule au sautoir engrêlé d'argent.

Nicolas de Villers, seigneur de Mailley, Citey, reçu en 1573, gouverneur en 1597, portait de gueule à trois étoiles d'argent rangées en bande, côtoyées de deux cotices de même.

Desle de Moustier, chevalier, seigneur de Cubry, Nant, etc., capitaine gouverneur de Clerval et Passavant, capitaine d'une compagnie de cent hommes d'armes à cheval pour le service de S. M. C., reçu en 1593, gouverneur en 1608, portait de gueule au chevron d'argent accompagné de trois alérions d'or.

Philibert de Moustier, seigneur de Bermont, Cubry, Nant, etc., capitaine de cavalerie pour le service de S. M. C., reçu en 1623, gouverneur en 1632, portait de gueule au chevron d'argent accompagné de trois alérions d'or.

Jean-François de Vy, reçu en 1626, gouverneur en 1637, portait d'argent au lion de sable couronné d'or à queue fourchue.

Claude-Antoine de Vaudrey, seigneur de Béveuge, reçu en 1647, gouverneur en 1667, portait coupé, émanché de gueule sur argent de deux pointes.

Claude-Louis de Falletans, seigneur de Thieffrans, Busy, Larnoz, etc., commissaire général des troupes de S. M. C., et quartier-mestre de camp général dans la même province, reçu en 1649, gouverneur en 1679, portait de gueule à l'aigle d'argent.

Charles-César marquis de Saint-Mauris-en-Montagne, seigneur de Saint-Mauris, Cour, Sancey, etc., lieutenant général des armées du roi, commandeur de son ordre de Saint-Louis, commandant de l'Alsace, gouverneur des deux Brisachs, reçu en 1700, gouverneur en 1701, portait de sable à deux fasces d'argent.

Frédéric-Eléonore marquis de Poictier, brigadier des armées du roi, seigneur de......, reçu en 1679, gouverneur en 1705, portait d'azur à six besans d'argent, 3, 2 et 1 au chef d'or.

Jean-Christian marquis de Watteville, comte de Corvière, lieutenant général des armées du roi, commandeur de l'ordre militaire de Saint-Louis, reçu en 1708, gouverneur en 1714, portait de gueule à trois demi-vols d'argent.

Antide-Marie de Pra, seigneur de Peseux, Ballay, Saulx, etc., gouverneur et grand bailli de Langres, brigadier des armées du roi, reçu en 1708, gouverneur en 1725, portait de gueule à la bande d'argent, accompagné de deux huchets de même.

Pierre marquis de Grammont-Grange, lieutenant général des armées du roi, 1.er chevalier d'honneur du parlement de Besançon, reçu en 1741, gouverneur en 1757, portait de gueule au sautoir d'or qui est de Grange, écartelé d'azur à trois bustes de roi de carnation qui est de Grammont.

Charles-Emmanuel-Polycarpe marquis de Saint-Mauris, baron de Chatenois, La Villeneuve, Saulx, seigneur de Saint-Mauris-en-Montagne, etc., pair de France, maréchal des camps et armées du roi, inspecteur général de garde nationale pour son service, reçu en 1787, gouverneur en 1823, porte de sable à deux fasces d'argent.

Les auteurs qui ont traité ou fait mention honorable de l'ordre de chevalerie de Saint-George sont : Gollut dans son Histoire des Bourguignons de 1592; — le père Fodoré en 1519, mentionné par le précédent; — Saint-Julien de Balœure, Histoire de l'origine des Bourguignons; — Paradin de Cuseau, Annales de Bourgogne, 1666; — Jurain, Histoire d'Auxonne, 1611; — Courte-Epée, Description du duché de Bourgogne; — Pierre de Saint-Julien, Origine des Bourguignons, 1581; — Précis sur la chevalerie de Saint-George relatant nombre de hauts faits d'armes et actions mémorables de ses chevaliers; — Cherin, dans sa France chevaleresque; — Jean Couché, Etat des chevaliers vivans en 1663; — Statuts et liste des chevaliers de Saint-George, in-8.°, 1668; — Guichenon, 1649; — Dunod; — J. Labbé, 1807; — comte de Saint-Ange, Tableau des ordres de chevalerie, 1819; — A. Comise, historycof kingthood 67, Hugues Clarke, 2 volumes, London, 1748, (ouvrage anglais sur les ordres militaires, tome 1.er, page 279); — Dom Grappin, Histoire du comté de Bourgogne; — Saint-Allais, Nobiliaire universel; — Annuaires du Doubs, années 1818, 1826, 1827, 1828; — Projet de commanderie pour la chevalerie de Saint-George;—le père Honoré de Sainte-Marie, carme déchaussé, dans sa Dissertation historique sur la chevalerie (manuscrit de l'abbaye de Saint-Vincent aujourd'hui à la bibliothèque publique); et autres manuscrits de ce même dépôt.

STATUTS
DE MESSIEURS LES CHEVALIERS
DE SAINT-GEORGE.

La noblesse assemblée sous l'invocation de Saint-George, dans le comté de Bourgogne, doit son rétablissement au lieu de Rougemont dans ladite province, à Philibert de Mollans, qui, en l'an 1390, à son retour de la terre sainte, rapporta des reliques de Saint-George, et assembla plusieurs gentilshommes de nom et d'armes, qui se réunirent par une association, et fondèrent une chapelle qui est encore à la nomination de messieurs de Saint-George.

Ils s'astreignirent par serment à des statuts qui firent la base de leur établissement, et qui furent changés ou amplifiés suivant les différens temps et les changemens de domination; et pour marque distinctive entr'eux, ils portèrent l'effigie de Saint-George en relief en or, attachée à la boutonnière, à un ruban moiré des couleurs du souverain auquel ils ont été soumis.

L'assemblée de Saint-George ayant été instituée autant pour animer les chevaliers à défendre la religion, que pour maintenir par leurs exemples les peuples dans l'obéissance due au souverain, nul chevalier ne sera admis qu'il n'ait prononcé le serment ci-après sur les saints évangiles, après que lecture lui aura été faite des statuts.

FORMULAIRE DU SERMENT.

DEMANDE.

Ne promettez-vous pas sur les saints évangiles de Dieu et sur votre honneur, de professer en tout et partout la foi catholique, apostolique et romaine ?

RÉPONSE.

Ainsi je le jure et promets.

DEMANDE.

Ne promettez-vous pas aussi d'être fidèle sujet du Roi, de chercher en toute occasion sa gloire, d'empêcher qu'aucun tort ne lui soit fait, d'employer à cet effet votre vie jusqu'au dernier moment, et d'observer les statuts de l'ordre ?

RÉPONSE.

Ainsi je le jure et promets.

DEMANDE.

Ne promettez-vous pas conformément aux statuts de l'ordre de prêter appui et secours à vos frères d'armes, et de vous comporter en tout dans ledit ordre en preux, loyal et vaillant chevalier?

RÉPONSE.

Ainsi je le jure et promets.

STATUTS DE RÉCEPTION.

ARTICLE PREMIER.

NE seront admis dans la chevalerie que des gentilshommes de nom et d'armes, lesquels, après avoir fait preuve de leur noblesse, en la forme et manière prescrites ci-après, prêteront le serment ci-dessus, entre les mains du gouverneur de la province, en cas qu'il soit présent à l'assemblée, ou entre les mains du gouverneur de la chevalerie; ils s'obligeront de plus d'observer non-seulement les présens statuts, mais encore ceux qui seront faits à l'avenir, quand même ces statuts et ordonnances auraient été délibérés en leur absence ou contre leur avis.

II.

Tous les gentilshommes prétendans à être admis au nombre des chevaliers, seront tenus de présenter requête à l'assemblée générale, pour avoir des commissaires, et de joindre à leur requête, l'inventaire de tous leurs titres, avec leurs arbres généalogiques, peints et blasonnés; pour que l'inventaire ayant été lu, et l'arbre généalogique examiné par tous les chevaliers composant l'assemblée, le gouverneur prenne les voix de chacun en particulier pour savoir si les titres portés dans l'inventaire paraissent suffisans pour faire les preuves requises, et obtenir des commissaires; auquel cas il en sera donné deux à la pluralité des voix.

III.

Les gentilshommes prétendans remettront entre les mains des commissaires nommés leurs titres, inventaire et arbre généalogique, six semaines avant l'assemblée suivante, où ils devront en faire rapport; à moins toutefois que les seize quartiers des prétendans n'aient déjà été jurés dans cette chevalerie; auquel cas les commissaires pourront faire leur rapport du jour au lendemain, dans la même assemblée.

IV.

Les prétendans justifieront leur noblesse de seize quartiers, savoir : quatre trisaïeuls et trisaïeules paternels, et quatre trisaïeuls et trisaïeules maternels, nobles, non anoblis de leur chef, et sans qu'il y ait été dérogé par leurs descendans; remontant leur noblesse à cent trente ans pour les quinze quartiers d'alliance; et quant à la tige, ou nom du présenté, la preuve se portera jusqu'au dixième ascendant, le présenté non compris; laquelle preuve se fera par production de titres suffisans, et tels qu'ils sont déterminés dans l'article suivant.

V.

Les titres qui doivent servir à ladite preuve de même qu'à celle de filiation, sont les extraits baptistaires, les testamens, les partages, les contrats de mariage, les actes de convocation aux bans et arrière-bans, les comparutions aux assemblées des nobles, les actes de foi et hommage, les anciennes inscriptions sur des monumens publics, les épitaphes, les emplois, services et qualifications d'écuyer ou chevalier, et tous autres actes homologués en justices souveraines.

VI.

Les copies tirées sur les originaux ne feront aucune foi, qu'elles n'aient été collationnées en présence des commissaires à l'examen de la Preuve, ou de quelqu'un député de leur part à ce sujet.

VII.

Les copies qui viendront des provinces étrangères, quoique collationnées et légalisées, ne feront aucune foi, à moins qu'elles ne soient appuyées et soutenues par des attestations des souverains, républiques, chambre de la noblesse aux états, cours de parlemens, chambre des comptes; toutes autres attestations étant insuffisantes.

VIII.

Les quartiers de noblesse qui n'auront pas été jurés dans cette chevalerie, le seront par quatre chevaliers; et ceux qui l'auront été, seront jurés par deux chevaliers seulement.

IX.

Toutes les preuves faites en tiges ne se recommenceront pas, mais on les remontera seulement jusqu'à la tige commune déjà prouvée.

X.

Aucun prétendant ne sera reçu qu'il ne soit connu pour catholique, sujet du roi, né ou domicilié dans la province de Franche-Comté, homme de probité sans reproche, agréable à la compagnie, de l'âge de seize ans; qu'il ne prête le serment conformément aux présens statuts, après lequel le gouverneur de l'ordre lui donnera l'accolade selon la forme chevaleresque, remettra en main le baudrier et la décoration de la chevalerie de Saint-George, et l'exhortera de continuer à vivre en gentilhomme et en fidèle vassal de son souverain.

XI.

La filiation entière des chevaliers reçus, et les noms de baptême de tous les ascendans et ascendantes jusqu'aux trisaïeuls et trisaïeules inclusivement, et jusqu'au dixième ascendant en tige, ou nom du présenté, seront enregistrés à chaque réception; et sera tenu le nouveau reçu de laisser au secrétariat son arbre généalogique, et l'inventaire de ses titres produits, pour reposer aux archives de l'ordre, et y avoir recours en cas de besoin.

XII.

Le nouveau reçu paiera 300 livres au trésorier de l'ordre, à moins que son père ou quelques-uns de ses frères n'aient déjà été reçus, auquel cas il sera dispensé de les payer; sinon il les délivrera avant de prêter le serment.

XIII.

Si un chevalier savait quelques défauts dans les preuves du gentilhomme prétendant, qui puissent l'empêcher d'être admis au nombre des chevaliers, il sera obligé en honneur d'en donner avis à l'assemblée, dans le temps que les commissaires feront leur rapport; et le secret sera inviolablement gardé de tout ce qui se passera dans les assemblées.

XIV.

Les statuts de cet ordre n'obligeant les chevaliers qu'au service de Dieu et à celui du souverain, ceux qui auront les qualités requises y seront reçus, quoique revêtus d'un autre ordre de chevalerie, et cela relativement aux anciens usages et coutumes de l'ordre.

XV.

On admettra dans ladite chevalerie deux ecclésiastiques, de chacun des colléges nobles de la province, pour y représenter, en cas de besoin, les intérêts de leurs chapitres, lesquels ont toujours été soutenus et protégés par les chevaliers de Saint-George; ces ecclésiastiques prétendans à être reçus dans l'ordre, y feront les preuves accoutumées, quoiqu'ils les aient déjà faites pour entrer dans les chapitres dont ils sont membres.

STATUTS DE POLICE INTÉRIEURE.

ARTICLE PREMIER.

Dans tous les temps la noblesse assemblée sous

l'invocation de Saint-George, sera présidée et gouvernée par un de ses membres, élu à la pluralité des voix, qui portera le titre de gouverneur. Cette charge sera à vie.

II.

La mort du gouverneur de l'ordre venant à arriver, l'élection de son successeur se fera à la plus prochaine assemblée générale; et jusqu'au temps de cette élection, le plus ancien chevalier de ceux qui composent le conseil, fera les fonctions de gouverneur.

III.

Il se tiendra chaque année une assemblée générale le premier dimanche après la fête de Saint-George, à moins que, pour des raisons indispensables, cette assemblée ne soit retardée, ce qui sera déterminé par messieurs du conseil; et le secrétaire, par une lettre circulaire, avertira MM. les chevaliers du jour de cette assemblée, et les invitera de s'y rendre.

IV.

Ceux de MM. les chevaliers qui ne pourront pas se trouver à l'assemblée générale, seront obligés de s'excuser par une lettre au corps, ou adressée à l'un des particuliers, qui proposera à la compagnie l'excuse de son confrère; l'assemblée jugera de la validité ou insuffisance des raisons proposées; si elles ne sont pas trouvées suffisantes, on écrira au chevalier qui se serait excusé, pour l'inviter à se trouver plus régulièrement aux assemblées; et si, sur des prétextes légers, il continuait à s'en absenter, il serait rayé du nombre des chevaliers.

V.

Il sera nommé tous les ans, par rang d'ancienneté, un chevalier avec le titre de bâtonnier, sous l'autorité du gouverneur; il sera chargé de tous les frais de ladite assemblée, lesquels ont été réglés et évalués à cinq cents livres qu'il remettra au trésorier de l'ordre pour être employés aux susdits frais.

Le secrétaire aura attention d'avertir à temps celui des chevaliers qui devra succéder au bâtonnier, à l'assemblée prochaine.

VI.

Les chevaliers de Saint-George étant censés être toujours les commissaires des preuves des différens colléges de noblesse et des chapitres nobles de la province, l'assemblée générale s'occupera essentiellement de tout ce qui peut les intéresser, et nommera, en tant que besoin serait, des commissaires pour veiller au maintien de leurs droits et prérogatives.

VII.

Si l'un des chevaliers était fait prisonnier, tous les autres seront obligés de contribuer de tout leur pouvoir à son élargissement, pourvu toutefois qu'il n'ait pas été arrêté pour crime de lèse-majesté divine et humaine : ils empêcheront, autant qu'il sera en eux, qu'il ne soit fait aucun tort aux veuves, enfans, pupilles ou mineurs des chevaliers décédés, dont ils seront tenus de soigner les intérêts comme les leurs propres; et à cet effet il sera nommé dans l'assemblée générale de chaque année, deux chevaliers dans chacun des grands bailliages de la province, pour y veiller.

VIII.

A la mort d'un chevalier, chacun, après avoir été averti de son décès, sera tenu de faire dire trois messes pour le salut de son âme.

IX.

Les différentes querelles qui pourraient survenir entre les chevaliers, sur les droits, rangs et prérogatives concernant l'ordre, seront décidées par l'assemblée générale; ou si la chose pressait, par le gouverneur de la chevalerie, avec son conseil, ou par trois chevaliers dont les parties conviendraient; auxquels jugemens tous les chevaliers sont obligés de s'en tenir, sous peine d'être rayés du nombre des chevaliers ; et pour entretenir une union parfaite, tous sont invités, en cas qu'il survienne entr'eux des difficultés sur le motif de l'intérêt, de s'en rapporter à la décision de trois chevaliers, au choix des parties, ou nommés par le corps, en cas que les parties ne puissent convenir de ce choix.

X.

Si les difficultés ou querelles étaient sur le point d'honneur, les premiers d'entre les chevaliers qui en auront connaissance, seront tenus de faire des efforts pour empêcher les voies de fait ; et avertiront incessamment le gouverneur de la chevalerie, afin que celui-ci en donne avis au gouverneur ou commandant de la province, et qu'il puisse en recevoir les ordres nécessaires.

XI.

Pour que les assemblées générales se fassent avec la décence et l'ordre nécessaires, s'il arrivait qu'un chevalier, dans ces assemblées, eût quelque différend ou querelle avec un de ses confrères, il a été décidé que ceux qui tomberaient dans ces inconsidérations, demeureraient pour toujours exclus du corps.

XII.

S'il pouvait arriver qu'un chevalier, par sa

mauvaise conduite, ou par des actions qui blesseraient l'honneur et la probité, se mît dans le cas de se rendre indigne du titre de chevalier (qui suppose une conduite sans reproche et une probité à toute épreuve), il serait rayé du nombre des chevaliers, et pour jamais exclu du corps.

XIII.

Dans toutes les affaires importantes de l'ordre, après qu'elles auront été exactement discutées, les chevaliers donneront leur suffrage par des billets qui seront ouverts par l'un des secrétaires, en présence de deux chevaliers nommés par l'assemblée.

XIV.

Lorsqu'il s'agira de la réception d'un prétendant, on y opinera par scrutin, et non à haute voix; à la réserve des commissaires à l'examen des preuves, qui seront obligés, après leur rapport, de dire leur sentiment à haute voix.

XV.

Comme dans l'intervalle d'une assemblée générale à l'autre, il peut arriver bien des événemens qui demandent décision ou des instructions subites, l'assemblée générale nommera un conseil pour travailler aux affaires particulières pendant le cours de l'année : ce conseil, qui sera composé de chevaliers désignés par le corps, s'assemblera chez le gouverneur de la chevalerie s'il est à la ville, ou chez le plus ancien des commissaires désignés.

XVI.

Les commissaires assemblés ensuite de convocation faite par le gouverneur ou l'ancien, pourront agir dans les choses qui demandent célérité, et rapporteront à l'assemblée générale la plus prochaine, tout ce qui aura été fait dans les assemblées particulières, dont il sera conservé des notes par le secrétaire, lequel conservera aussi et rapportera toutes les lettres qui auront été écrites pendant le cours de l'année.

XVII.

Il y aura deux officiers dans la chevalerie, lesquels seront élus dans l'assemblée générale à la pluralité des voix : le premier de ces officiers, que l'on nommera chancelier, devra être un ecclésiastique, qui fera un discours dans toutes les assemblées générales, où il représentera à tous les chevaliers les obligations auxquelles leur naissance et le serment qu'ils ont prêté les engagent ; le second sera le trésorier.

Il sera aussi choisi, à la pluralité des voix, deux secrétaires.

STATUTS DE CÉRÉMONIAL.

ARTICLE PREMIER.

Toutes les fois que l'assemblée générale se tiendra, le gouverneur et les chevaliers de Saint-George députeront quatre chevaliers de leur corps au gouverneur ou commandant de la province, pour l'inviter et le prier d'assister à l'assemblée, afin d'y être témoin qu'on s'y conforme en tout aux desseins et vues des fondateurs de la chevalerie.

II.

Si le gouverneur ou commandant de la province veut assister à ces assemblées, les quatre chevaliers députés l'accompagneront au lieu de l'assemblée, où il prendra le rang et la séance dus à sa charge et au souverain qu'il représente, qui est le chef de la chevalerie.

III.

Les archevêques et évêques, chevaliers de l'ordre, seront tirés de leur rang de réception, en considération de leurs dignités réunies à celle de chevalier, et auront séance immédiatement après le gouverneur de l'ordre, dans des fauteuils placés à sa gauche et au-dessus de la table, et les autres chevaliers siégeront chacun à leur rang de réception.

Aux premières vêpres, il sera libre auxdits archevêques et évêques de s'y trouver, ainsi qu'aux processions, et au cas qu'ils s'y rencontrassent, ils marcheront à la gauche du gouverneur, lequel devra être revêtu, ainsi que dans toutes les grandes cérémonies, du grand manteau de l'ordre (qui devra être d'une étoffe d'or mouchetée de noir, à queue traînante), et à l'église ils auront chacun un fauteuil pareil au sien, et occuperont les secondes places comme à la salle.

Le jour de la solennité de la fête de Saint-George, les archevêques et évêques officieront pontificalement quand ils le jugeront à propos; pour les offrandes les chevaliers iront, au pied de l'autel, baiser les reliques entre les mains de l'archevêque ou évêque qui pontifiera, qui pourra être assis dans un fauteuil.

Aux vêpres, le chevalier qui devra succéder par son rang d'ancienneté comme bâtonnier à son prédécesseur, reprendra, au même endroit, dudit archevêque ou évêque, le bâton de l'ordre.

En l'absence du gouverneur, son fauteuil restera vacant en sa place, et l'archevêque de Besançon, s'il est chevalier, continuera d'occuper le sien, et présidera; en ce cas, proposera, recueillera les voix, opinera le dernier, et recevra les sermens, et ce, en considération de sa qualité d'archevêque diocésain réunie avec celle de chevalier; n'entendant pour cela que les archevêques et évêques étrangers qui pourraient par la suite être admis au nombre des chevaliers, puissent se prévaloir du présent réglement, lequel n'est fait qu'en faveur de l'archevêque de Besançon, lorsqu'il sera du nombre des chevaliers.

Lesdits archevêques et évêques étrangers seront seulement tirés de leurs rangs, et auront leurs places après l'archevêque de Besançon; et en cas d'absence du gouverneur et de l'archevêque de Besançon, le plus ancien séculier du corps présidera, et lesdits archevêques et évêques étrangers, chevaliers, auront leurs places entr'eux, suivant le rang de leurs dignités et réception, immédiatement après le président.

IV.

Chaque année les chevaliers de Saint-George s'assembleront à Besançon, le jour indiqué, dans la salle des Carmes qui a été construite à cet effet:

V.

Comme MM. du magistrat de la ville de Besançon ont coutume d'envoyer deux de leurs échevins en robe violette, avec le secrétaire, pour complimenter l'assemblée, on les enverra recevoir à la première porte du cloître des Carmes, par deux chevaliers qui les introduiront dans la salle, où on leur préparera deux fauteuils à la gauche du gouverneur; et leur compliment fini, les mêmes chevaliers les reconduiront jusqu'à l'endroit où ils les auront reçus; et le lendemain le gouverneur enverra deux chevaliers pour remercier MM. les magistrats. Ils seront reçus à l'entrée de l'hôtel-de-ville et reconduits de même.

VI.

Lors du premier jour de l'assemblée, les PP. Carmes viendront en procession à la porte de la salle pour conduire les chevaliers à leur église, où ces religieux chanteront les vêpres solennelles.

VII.

Les chevaliers suivront deux à deux, et seront appelés à haute voix par l'un de leurs secrétaires, par leurs noms et surnoms, en commençant par les derniers de la liste sans leur donner aucuns titres, afin de garder entr'eux l'égalité.

VIII.

Les vêpres étant finies, les religieux, sortant du chœur de ladite église, viendront de même en procession au lieu où les chevaliers seront placés, et les ramèneront jusqu'à l'entrée de leur salle, dans le même ordre qu'il est dit ci-devant.

IX.

Le lendemain tous les chevaliers s'assembleront dans leur salle, à sept heures du matin, pour y travailler aux affaires du corps, et entendre le rapport de tout ce qui se sera passé pendant le cours de l'année dans leur conseil, soit pour leurs intérêts communs, soit pour ceux des abbayes de noblesse de la province, tant d'hommes que de filles.

X.

Après avoir travaillé jusqu'à dix heures, les PP. Carmes viendront en procession pour conduire l'assemblée à la grand'messe ; ce qui se fera avec les mêmes cérémonies, et en l'ordre expliqué ci-dessus.

XI.

Tous les chevaliers iront à l'offertoire et seront appelés comme il est dit ci-devant, avec la différence que l'on commencera par le gouverneur, le bâtonnier, et ensuite les plus anciens chevaliers; à la fin de la messe, ils seront reconduits par les religieux jusqu'à la porte de leur salle, dans le même ordre que le jour précédent.

XII.

A deux heures après midi du même jour, les chevaliers s'assembleront de nouveau dans leur salle, et continueront à y travailler aux affaires du corps jusqu'à quatre heures, que les Carmes viendront de même en procession pour les conduire à vêpres comme le jour précédent.

XIII.

Le temps du *Magnificat* étant venu, et lorsque l'on chantera le verset *Deposuit potentes de sede*, le bâtonnier s'approchera de l'autel avec le chevalier qui doit remplir sa place l'année suivante, et s'étant tous les deux mis à genoux, l'officiant prendra des mains du bâtonnier les marques de sa dignité et les remettra à son successeur; après quoi le nouveau bâtonnier ira prendre la place de son devancier, et celui-ci la dernière.

XIV.

Les vêpres étant finies, lesdits religieux chanteront les vigiles des morts pour le repos des âmes des chevaliers décédés; après quoi les chevaliers seront reconduits dans le même ordre et cérémonie marqués ci-dessus.

XV.

Le lendemain matin, tous les chevaliers retourneront à sept heures dans leur salle, où, après avoir achevé les affaires communes, ils enverront quatre députés au gouverneur ou commandant de la province s'il n'est pas présent, pour lui dire que la compagnie étant sur le point de se séparer, ils lui viennent demander s'il n'a rien à ordonner pour le service du roi.

XVI.

Chaque année l'on nommera huit chevaliers qui formeront entr'eux un conseil avec le gouverneur, pour travailler aux affaires qui pourront arriver pendant l'année; après quoi les religieux viendront en procession prendre les chevaliers dans leur salle, et les conduiront, en même ordre et cérémonie que ci-dessus, à la grand' messe qui se doit célébrer pour les chevaliers décédés.

XVII.

Les chevaliers iront offrir comme le jour précédent; s'il en est mort quelqu'un pendant l'année, celui qui le précédait immédiatement dans l'ordre de sa réception, portera et offrira son épée, et les deux chevaliers qui le suivront immédiatement, porteront et offriront son écu, et sa veuve ou une de ses parentes fera les offrandes ordinaires et accoutumées dans l'église.

XVIII.

La messe finie, les religieux feront les mêmes prières, cérémonies et encensemens autour de la représentation et chapelle ardente, que si le corps du défunt était présent; tous les chevaliers lui feront aussi les mêmes honneurs ; ensuite ils seront reconduits par les religieux dans leur salle comme les jours précédens ; et après que chacun des chevaliers aura signé le livre des délibérations qui auront été prises dans les assemblées, ils se sépareront.

XIX.

Et pour que les gentilshommes qui composent les chapitres de noblesse de la province, puissent s'adresser sûrement aux chevaliers de Saint-George intéressés à la conservation de ces abbayes et autres colléges de noblesse de la province, ceux qui formeront le conseil s'assembleront avec le gouverneur de l'ordre dans leur salle, tous les dimanches suivans les fêtes de saint Barthelemy, saint Martin et purification de Notre-Dame, pour y délibérer sur les affaires qui se présenteront ; et au cas que ces fêtes tombent le dimanche, ce sera le dimanche que ce conseil s'assemblera. Pourra néanmoins le gouverneur, ou le plus ancien chevalier du conseil, convoquer les assemblées dudit conseil toutes les fois qu'il le croira nécessaire, et que les affaires le demanderont.

Lus et arrêtés à l'assemblée générale le 25 avril 1768 ; *signé* le marquis de Grammont, gouverneur ; Broissia, de Faletans, Saint-Maurice, chevalier; de Montbarrey, Constable, Germigney, Raincourt, de Faletans, doyen de Gigny; Jouffroy d'Abans, Lavillette, de Poutier de Sône, le comte de Grammont, du Tartre, Boutechoux, le chevalier de Rosière de Soran, de Poutier-Gouheland, de Rully, le chevalier de Franchet de Rans, Broissia, La Rochelle, Raincourt, de Faletans, d'Iselin, le chevalier d'Iselin de Lasnans, Lallemand-Vaite, d'Esterno, de Sagey.

Et par ordonnance, GIRAUD, *secrétaire.*

A l'heureuse époque de la restauration, les chevaliers de Saint-George ne devant pas douter que celle de leur ordre ne dût s'y rattacher intimément, étant si parfaitement identifié à la monarchie, par leur serment, leurs sentimens, et leur fidélité imperturbable, voyant surtout que le roi, dans la charte qu'il avait accordée, spécifiait notoirement que *l'ancienne noblesse reprendrait tous ses titres;* donc se voyant réduits à un très-petit nombre (25), leur premier devoir fut de s'occuper de faire de nouvelles réceptions. Mais pour y procéder sans s'écarter de leurs statuts, qu'ils voulaient toujours maintenir et respecter, et cependant éviter autant que possible de froisser l'irascible orgueil des malveillans, ils adoptèrent pour moyen terme, *et pour cette fois seulement,* sans tirer à conséquence pour l'avenir, par un supplément aux réglemens, les articles que l'on indiquera ci-après.

Les chevaliers de Saint-George se voyant tout naturellement réintégrés dans leurs droits et usages, par l'effet de la restauration de la monarchie, celle de nos rois légitimes, et des termes exprès de la charte, mais sentant tout ce que les circonstances difficiles exigeaient de circonspection pour la concilier avec leur respect pour leurs statuts, arrêtent provisoirement ce qui suit :

ARTICLE PREMIER.

Considérant l'impossibilité de réunir en ce moment des assemblées générales de l'ordre, presque tous ses membres étant disséminés et activement employés au service du roi, arrête qu'il fera choix, à l'unanimité des voix, de cinq chevaliers-commissaires investis de ses instructions, procurations et pleins pouvoirs, pour procéder en son nom aux démarches urgentes que les circonstances et l'intérêt de l'ordre pourraient exiger.

II.

Cette urgence portant principalement sur la

nécessité de pourvoir à de nouvelles admissions, se trouvant réduits au nombre de 25, lesdits commissaires seront spécialement autorisés à admettre au nombre des chevaliers tous les frères germains et fils d'anciens chevaliers à vue de leurs titres et arbres généalogiques, en se conformant néanmoins quant au personnel aux rigoureuses conditions exprimées par les statuts.

III.

Vu l'impossibilité de réunion exprimée ci-dessus, lesdits commissaires seront autorisés, pour cette fois seulement, à désigner à chaque adepte admis, deux anciens chevaliers pour recevoir leur serment, leur conférer l'accolade, déférer la décoration et les recevoir selon toutes les formes et cérémonies usitées dans les autres corps de chevalerie (1).

---

(1) C'est en vertu de ces articles additionnels provisoires que furent admis, reçus et inscrits aux registres 52 candidats, en 1816.

LISTE

DE TOUS

MM. LES CHEVALIERS DE SAINT-GEORGE

REÇUS DANS CET ORDRE

DEPUIS SA PREMIÈRE RESTAURATION.

Philibert de Mollans ayant rapporté de la Terre-Sainte des reliques de Saint-George, rassembla en 1390 nombre de chevaliers et d'anciens gentilshommes dont les noms ne sont pas parvenus jusqu'à nous, mais qui doivent probablement se retrouver aux assemblées suivantes, pour les honorer et assister à leur installation solennelle dans une chapelle qu'il possédait dans la petite ville de Rougemont; alors de concert ils s'engagèrent à s'y réunir tous les ans dans le même but. Plus, vers l'an 1400, désirant donner continuation à l'ancienne association de chevalerie sous l'invocation de ce saint, qui avait été fondée par les souverains de Bourgogne vers l'an 1300 dans cette même ville, éteinte ou désorganisée par les guerres et les fléaux qui avaient dévasté ce pays, ils dressèrent et inscrivirent de nouveau des réglemens en tête des registres où l'on établit dès-lors toutes les réceptions; registres qui ont malheureusement disparu depuis de leurs archives, car l'on n'y retrouve plus depuis un siècle que celui qui commençait à l'an 1448, de sorte que l'on n'a pu précédemment à cette date préciser chaque époque de réception, mais seulement rapporter celles qui ont eu lieu depuis 1400 à 1448, constatées par divers documens, mais en masse et sans date précise de chacune d'elles, ce qui a déterminé à les poser par ordre alphabétique afin de ne faire tort ni donner de préséance à aucune, y rapportant seulement l'époque de la mort de ceux d'entre eux dont on a trouvé la preuve ou quelques circonstances qui les concernaient; et crainte de confusion, on répète encore ici que les 80 réceptions ci-après n'ont d'autre date fixe que d'avoir eu lieu dans l'intervalle de l'an 1400 à 1448; mais depuis cette dernière date celles des réceptions seront observées.

1. Messire Philibert de MOLLANS, chevalier, homme d'armes en 1414, écuyer du duc de Bourgogne, maître-visiteur des arsenaux et artillerie des rois de France et d'Angleterre, restaurateur et gouverneur en 1400, portait d'or à trois molettes d'éperons de gueules; ses quartiers

étaient : 1 Mollans, 2 Rougemont, 3 Loray, 4 Vercel.

2. Messire Henry d'Accolans, chevalier, homme d'armes en 1414, seigneur de Beveuge, portait de gueules au chevron d'or; quartiers : 1 Accolans, 2 Rougemont, 3 Loray, 4 Vercel.

3. Messire Jean d'Andelot, sire d'Andelot, homme d'armes, mort en 1489, portait échiqueté d'azur et d'argent au lion de gueules couronné d'or sur le tout, du nombre des chevaliers qui installèrent l'archevêque en 1440; devise, LES COMBATS SONT MES ÉBATS; quartiers : 1 Andelot, 2......, 3 Vuillaffans, 4......

4. Messire Thiébaud d'Asuel, mort en 1476, du nombre des chevaliers qui installèrent l'archevêque en 1440, portait de gueules à deux haches d'armes d'argent en sautoir; quartiers : 1 Asuel, 2 Saint-Aubin, 3 Rougemont, 4 Ruffey.

5. Messire Jean d'Asuel, chanoine de la métropole, du nombre des seigneurs qui installèrent l'archevêque en 1440; quartiers : 1 Asuel, 2 Saint-Aubin, 3 Rougemont, 4 Ruffey.

6. Pierre de Bauffremont, petit-fils de Philibert et de Agnès de Jonvelle (1), baron de Charny, chevalier banneret, homme d'armes en 1413, chevalier de la Toison-d'Or, lieutenant-général du duc, marié 1.° à Béatrix du Châtelet, 2.° à Ca-

---

(1) Porté dans la charte de 1566, V. page 12.

therine de Saint-Loup; mort en 1451, portait vairé d'or et de gueules; cri, Dieu aide au premier chrétien; quartiers : 1 Bauffremont, 2 Rougemont, 3 Charny, 4 Poitier.

7. Messire Antoine de Beaumotte, chevalier, seigneur de Savigny, du nombre des chevaliers qui installèrent l'archevêque en 1440, mort en 1476, portait de sable au sautoir d'argent; quartiers : 1 Beaumotte, 2 Charmoille, 3 Remilly, 4 Germigney.

8. Messire Nicolas de Butte, homme d'armes en 1417, mort en 1472, du nombre des chevaliers qui installèrent l'archevêque en 1440, portait de gueules à la croix d'or; quartiers : 1 Butte, 2 . . . . . , 3 . . . . . , 4 . . . . .

9. Messire Pierre de Bressey, mort en 1462, du nombre des chevaliers qui installèrent l'archevêque en 1440, portait d'azur à deux fasces d'or et une étoile de même sur la fasce du chef, et au franc canton dextre d'or, chargé d'une clef de gueules; quartiers : 1 Bressey, 2 . . . . , 3 . . . . , 4 . . . . .

10. Messire Nicolas de Buffignécourt, du nombre des chevaliers qui installèrent l'archevêque en 1440, portait de sable à la bande d'argent; quartiers : 1 Buffignécourt, 2 . . . . . , 3 . . . . . , 4 . . . . .

11. Messire Jean de Charmes, homme d'armes en 1417, portait d'argent à la bande de gueules

chargée de trois quintefeuilles d'or; quartiers :
1 Charmes, 2....., 3....., 4.....

12. Messire Guillaume de CHAUVIREY, comte de Lyon, fils de Vaucher et de Anne de Nant (1), du nombre des chevaliers qui installèrent l'archevêque en 1440, mort en 1476, portait d'azur à la bande d'or, accompagnée de sept billettes de même; quartiers : 1 Chauvirey, 2 Salins, 3 Nant, 4 Vienne.

13. M. Jeanne de CHAUVIREY, mariée à Jean de Vaudrey, seigneur de Beveuge, aussi chevalier de Saint-George, fut décorée de l'ordre de Saint-George en l'an.....; quartiers : 1 Chauvirey, 2....., 3....., 4.....

14. Messire Othenin de CLAIRON, seigneur dudit lieu et Lomont, (petit-fils de Gerard), marié à Etiennette Bourgeois, dame de Chaleseule, qui signa le traité passé en 1451 par le maréchal de Neufchâtel, au nom du duc et la cité de Besançon, portait de gueules à la croix d'argent, cantonnée de quatre croisettes fleuronnées de même; devise, SONNE HAUT CLAIRON, POUR L'HONNEUR DE TA MAISON; quartiers : 1 Clairon, 2....., 3 Lomont, 4......

15. Messire Simon de CLAIRON, chevalier et seigneur de Clairon, marié à Jeannette de Dompré; quartiers : 1 Clairon, 2 Lomont, 3 Bourgeois, 4 Leugney.

(1) Porté dans la charte de 1366, V. page 12.

16. Messire E..... de Chevigney, portait.......
17. Messire Philippe de Conflans, chevalier, homme d'armes en 1414, portait de gueules à la fasce d'argent frettée de sable; quartiers : 1 Conflans, 2 ....., 3 ....., 4 .....
18. Etienne de Dompré, marié à Marguerite de Faucogney, portait de sable à la fasce ondée d'argent; quartiers : 1 Dompré, 2 ......, 3 Saint-Loup, 4 .....
19. Messire N..... de Friant de Faverney, du nombre des chevaliers qui installèrent l'archevêque en 1440, mort en 1471, portait d'azur à une bande engrêlée d'argent; quartiers : 1 Friant, 2 Mugnans, 3 Mailleroncourt, 4 Grammont.
20. Messire G..... de Friant; quartiers : 1 Friant, 2 ....., 3 ....., 4 .....
21. Messire Guillaume de Gevigney, seigneur de Genevreuille, portait burclé de gueules et d'or de dix pièces; quartiers : 1 Gevigney, 2 ......, 3 ....., 4 .....
22. Messire Thomas de Grammont, chevalier, homme d'armes en 1405, seigneur de Vellechevreux, Gesans, chambellan du duc, marié à Marie de Saulx, portait de gueules au sautoir d'or, qui est de Grange, écartelé d'azur à trois bustes de roi de carnation, qui est de Grammont; cri, Dieu aide au gardien des rois; quartiers : 1 Grammont, 2 Varre, 3 Vellechevreux, 4 .....
23. Messire Thiébaud de Grammont, chevalier,

seigneur de Gesans, du nombre des chevaliers qui installèrent l'archevêque en 1440, marié à Jeanne de Grenans; quartiers : 1 Grammont, 2 Vellechevreux, 3 Saulx, 4 Pomars.

24. Messire J..... d'HAGUEMBACH .....; portait de gueules, à quatre points équipollés d'argent; quartiers : 1 Haguembach, 2...., 3...., 4....

25. Messire Pierre d'HAGUEMBACH, d'une ancienne maison chevaleresque de Suisse, fut du nombre des gentilshommes qui installèrent l'archevêque en 1440, grand bailli d'Auxois, gouverneur du comté de Ferrette pour le duc de Bourgogne. Accusé de vexations, même de cruauté dans l'exercice de ses fonctions, il fut arrêté à Brisach dans une émeute, puis transporté et livré à Sigismond, duc d'Autriche, lequel, par infraction odieuse et formelle du droit des gens et des nations, fit convoquer une sorte de tribunal composé de 27 juges dont 16 chevaliers et 11 prud'hommes, choisis dans chacune des principales villes d'Alsace et de Suisse, qui, à force de supplices, extorquèrent des aveux d'après lesquels il fut condamné à être décapité, sa sentence ne devant lui être lue qu'après avoir été dégradé de la chevalerie de Saint-George, dépouillé des décorations et insignes de cet ordre, et également déclaré indigne d'être admis dans tout autre corps de chevalerie et emploi militaire; horrible catastrophe qui eut des suites de vengeance

déplorables et sanglantes, mais dont les détails excèdent les étroites limites d'une notice (1). Reçu en 1414, exécuté en 1474; quartiers : 1 Haguembach, 2 ....., 3 Belmont, 4 .....

26. Messire Ap..... de Hung ....., portait....
27. Messire E..... de Lantenne .....; portait de sable à la croix d'argent; quartiers : 1 Lantenne, 2 ....., 3....., 4 .....
28. Messire Elion de Lantenne, abbé de Lure et de Murbach, prince du Saint-Empire romain, du nombre de ceux qui installèrent l'archevêque en 1440; quartiers : 1 Lantenne, 2 Rochefort, 3 Quingey, 4 Thoraise.
29. Messire Jean de Leugney, sire dudit lieu, mort en 1476, fils de Renaud et de Jeanne de Laviron (2), portait de gueules au sautoir engrêlé d'argent; quartiers : 1 Leugney, 2 ....., 3 Laviron, 4 .....
30. Messire Huguenin de Longeville, portait de gueules à la bande d'or, chargé au premier quartier d'un point d'échiquier d'azur; quartiers : 1 Longevelle, 2 Scey, 3 Salins, 4 Granson.
31. Messire F..... de Longeville; quartiers : 1 Longevelle, 2 ...., 3 ...., 4 .....
32. Messire Etienne de Montmartin, mort en 1470, du nombre des chevaliers qui installèrent

---

(1) Voyez Paradin, Dunod, Gollut, etc.
(2) Porté sur la charte de 1566, V. page 12.

l'archevêque en 1440, portait burelé de sable et d'argent de dix pièces; quartiers : 1 Montmartin, 2....., 3....., 4.....

33. Messire Etienne de MONTROST, portait d'or au chevron de sable; quartiers : 1 Montrost, 2 Beaujeu, 3 Liesle, 4 Citey.

34. Messire Guyot de MONT-SAINT-LIGIER, du nombre des chevaliers qui installèrent l'archevêque en 1440, portait d'argent à la croix ancrée de sable; quartiers : 1 Mont-Saint-Ligier, 2 Vil, 3....., 4.....

35. Messire Jean de MOUSTIER, mort en 1460, portait de gueules au chevron d'argent, accompagné de trois alérions d'or; quartiers : 1 Moustier, 2....., 3....., 4.....

36. Messire Jean de NANT, chanoine de la métropole, du nombre des seigneurs qui installèrent l'archevêque en 1440, portait de gueules à la bande d'or, accompagnée de deux cotices de même; quartiers : 1 Nant, 2 Vienne, 3....., 4.....

37. Messire Claude de NANT, ...; quartiers : 1 Nant, 2....., 3....., 4.....

38. Messire Renaud de NOIDANS, sire de Noidans et Mailley, du nombre des chevaliers qui installèrent l'archevêque en 1440, portait d'azur à trois bandes d'or; quartiers : 1 Noidans, 2....., 3....., 4.....

39. Messire Guillaume d'ONSANS, seigneur dudit

lieu, marié à Catherine de Leugney, portait d'argent au sautoir de gueules; quartiers : 1 Orsans, 2 Roche, 3 La Tour-Saint-Quentin, 4.....

40. Messire Renaud d'Orsans, maréchal héréditaire de l'archevêché, marié à Jeanne de Lantenne, mort en 1456; quartiers : 1 Orsans, 2 La Tour-Saint-Quentin, 3 Leugney, 4 Vercel.

41. Messire Simon d'Orsans, seigneur d'Orsans, Lomont et la Neuvelle, échanson de Philippe-le-Bon, et maréchal héréditaire, du nombre des chevaliers qui installèrent l'archevêque en 1440, et qui signa le traité passé en 1451 entre le maréchal de Neufchâtel au nom du duc et la cité de Besançon, marié à Marie de Lantenne, mort en 1473; quartiers : 1 Orsans, 2 La Tour-Saint-Quentin, 3 Leugney, 4 Vercel.

42. Messire Jean de Pont, portait coupé de gueules et d'argent à deux portes ouvertes à deux battans, de l'un en l'autre barré en deux sautoirs d'or; quartiers : 1 Port, 2....., 3....., 4.....

43. Messire N..... de Quingey, homme d'armes en 1402, du nombre des chevaliers qui installèrent l'archevêque en 1440, mort en 1457; portait d'azur à la croix d'argent chargée de cinq coquilles de gueules; quartiers : 1 Quingey, 2....., 3....., 4.....

44. Messire N..... de Ray, du nombre des chevaliers qui installèrent l'archevêque en 1440, mort en 1468, portait de gueules à l'escarboucle pom-

metée et fleuronnée de huit rais d'or; quartiers :
1 Ray, 2....., 3....., 4.....

45. Messire Perrin de La Roche, portait équipollé d'azur à quatre points d'or; quartiers : 1 La Roche, 2....., 3....., 4.....

46. Messire P.... de Ronchaut, du nombre des chevaliers qui installèrent l'archevêque en 1440.

47. Messire Pierre de Rougemont, homme d'armes en 1358, portait d'or à l'aigle de gueules, couronnée, becquée et membrée d'azur; quartiers : 1 Rougemont, 2....., 3....., 4.....

48. Humbert baron de Rougemont, chevalier, sire d'Usie, marié à Alix de Neufchâtel; quartiers : 1 Rougemont, 2....., 3 Ray, 4 Blamont.

49. Messire Jean Guillaume de Rougemont, homme d'armes en 1414, baron de Rougemont, sire d'Usie, marié à Etiennette de Saulnot; quartiers : 1 Rougemont, 2 Ray, 3 Neufchâtel, 4 Bourgogne.

50. M. Jacquotte de Rougemont, décorée de l'ordre de Saint-George en faveur de sa maison; quartiers : 1 Rougemont, 2 Ray, 3 Neufchâtel, 4 Bourgogne.

51. Messire Jacquot de Rougemont, mort en 1476; quartiers : 1 Rougemont, 2....., 3....., 4.....

52. Messire Thiébaud sire de Rougemont, chevalier banneret, homme d'armes en 1413, croisé, mort en 1476; marié à Gauthière de Saulx, du nombre des chevaliers qui installèrent l'arche-

véque en 1440; quartiers : 1 Rougemont, 2 Vienne, 3 Montaigu, 4.....

53. Messire Humbert de Rougemont, marié à Henriette de Vienne, dame de l'ordre de Saint-George; quartiers : 1 Rougemont, 2 Neufchâtel, 3 Vienne, 4 Villars-Thoire.

54. Messire Jean de Rye, seigneur de Trichâtel, grand échanson du duc Philippe-le-Bon, chevalier banneret, capitaine d'hommes d'armes, du nombre des seigneurs qui installèrent l'archevêque en 1440, mort en 1463, portait d'azur à l'aigle d'or; quartiers : 1 Rye, 2 Azuel, 3 Rougemont, 4 Ruffey.

55. Messire Etienne de Say, seigneur de la Tour de Say et à Lisle, marié à Alix de Mollans, mort en 1458, portait palé de sable et d'argent de six pièces; quartiers : 1 Say, 2 Dampierre, 3 Savigny, 4 Mouchet.

56. Messire Henri de Saint-Aulbin, homme d'armes, seigneur de Conflandey, du nombre des chevaliers qui installèrent l'archevêque en 1440, marié à Bonne de Joux, portait d'argent à la bande d'azur, chargée de trois besans d'or; quartiers : 1 Saint-Aulbin, 2 Vy, 3 Rougemont, 4 Ruffey.

57. Messire Etienne de Saint-Martin, seigneur dudit lieu, homme d'armes en 1358, portait d'argent à trois hures de sanglier de sable, armées, arrachées et allumées de gueules; quartiers : 1 Saint-Martin, 2....., 3....., 4.....

58. Messire Marc de SAINT-MAURIS-en-Montagne, seigneur de Peseux, dont il reprit de fief en 1389, frère de Guillaume de Saint-Mauris, tous deux fils de Richard et de Jeanne de Vuillaffans (1), selon des attestations et relevés authentiques des registres de Saint-George, marié à Jeanne d'Aucelle en 1396, reçu en 1400, mort en 1426, portait de sable à deux fasces d'argent ; cri, PLUS DE DEUIL QUE DE JOIE ; devise, ANTIQUE, FIER ET SANS TACHE ; quartiers : 1 Saint-Mauris, 2 Vennes, 3 Vuillaffans, 4 Say.

59. Messire Jean de SAINT-MAURIS-en-Montagne, neveu du précédent, marié à Guillemette de Blandans, puis à Louise de Rougemont, seigneur de Saint-Mauris, Cour, Fleurey, Sancey, homme d'armes en 1427, du nombre des chevaliers qui installèrent l'archevêque en 1440, puis écuyer et chambellan du duc de Bourgogne, qui le chargea en 1480 de recevoir et passer en revue ses nobles compagnies d'hommes d'armes, composées de l'élite des seigneurs et gentilshommes, signa comme ancien chevalier, en 1448, le préambule du registre qui commençait à cette date, inhumé en 1483 dans la chapelle de ses ancêtres, comme il se voit par les tombes et titres de fondation à l'église de Saint-Mauris ; quartiers : 1 Saint-Mauris, 2 Vuillaffans, 3 Aucelle, 4 Sancey.

(1) Porté dans la charte de 1366, V. page 12.

60. Messire Thiébaud de Saint-Mauris-en-Montagne, cousin du précédent, marié à Henriette de Bougne en 1448, sire de Mathay, Bermont, Royc, homme d'armes, puis capitaine et gouverneur de Neufchâtel et de Lisle, reçu en 14.., rappelé au registre en qualité d'ancien chevalier en 1467, mort en 1482; quartiers : 1 Saint-Mauris, 2 Jasney, 3 Durnes, 4 Vergy.

61. Messire Pierre de Seroz, seigneur dudit lieu, marié à Antoinette d'Andelot, portait de gueules à la croix ancrée d'argent; quartiers : 1 Seroz, 2....., 3....., 4.....

62. Messire Jean de Soubmostier, marié à Louise d'Estreille, portait burelé d'argent et de gueules; quartiers : 1 Soubmostier, 2....., 3....., 4.....

63. Messire Jean de Thoraise, seigneur de Torpes, portait de sable au lion léopardé d'argent; quartiers : 1 Thoraise, 2 Longevelle, 3 Gouhenans, 4 Rupt.

64. Messire Nicolas de Vair, portait de Vair; quartiers : 1 Vair, 2....., 3....., 4.....

65. Messire Jean de Vaudrey, homme d'armes en 1414, seigneur de Beveuge, marié à Jeanne de Chauvirey, dame de l'ordre de Saint-George, du nombre des chevaliers qui installèrent l'archevêque en 1440, portait coupé émanché de gueules et d'argent de deux pointes, mort en 1458; devise, J'AI VALU, VAULX ET VAULDREY; quartiers : 1 Vaudrey, 2 Montbozon, 3 Soyecourt, 4 Chatillon.

66. Messire Jacques de Vennes, sire du château-fort et canton de Vennes et dépendances, portait de gueules à la fasce d'or; quartiers : 1 Vennes, 2 Saint-Mauris-en-Montagne, 3 Saint-Mauris-en-Montagne; 4 Vennes.

67. Messire Huguenin de Vercel, mort en 1459, portait d'azur à trois bandes d'or, du nombre des chevaliers qui installèrent l'archevêque en 1440; quartiers : 1 Vercel, 2....., 3....., 4.....

68. Messire Pierre de Vercel, seigneur de Goux, du nombre des chevaliers qui installèrent l'archevêque en 1440; quartiers : 1 Vercel, 2....., 3....., 4.....

69. Messire Ch.... de Vercel; quartiers: 1 Vercel, 2....., 3....., 4.....

70. Messire Henri de Vesoul, seigneur de Frotey; homme d'armes en 1414, portait de sable à la fasce d'or, supportant un levrier d'argent, colleté d'or, à trois quintefeuilles de même en pointes 2 et 1; quartiers : 1 Vesoul, 2 Vesoul, 3 Ysome, 4.....

71. M. Henriette de Vienne, fille d'Henri et de Jeanne de Gouhenans (1), décorée de l'ordre de Saint-George; mariée à Humbert de Rougemont, aussi chevalier de Saint-George; portait de gueules à l'aigle d'or; quartiers : 1 Vienne, 2 Châlons, 3 Gouhenans, 4 Rupt.

(1) Porté dans la Charte de 1566, V. page 12.

72. Messire Hugues de Vuillaffans, homme d'armes en 1414, seigneur de Pelapucin, Say, conseiller du duc, capitaine et bailli de Neufchâtel, du nombre des chevaliers qui installèrent l'archevêque en 1440, marié à Jeanne d'Arlay, portait d'argent à la bande de sable, côtoyée de deux cotices de même, chargée de trois coquilles d'or; cri, HONNEUR; quartiers : 1 Vuillaffans, 2 Fertans, 3 Arlay, 4.....

73. Messire Pierre de Vy, seigneur à Vellefrie et Grauge, portait d'argent au lion de sable, couronné, à queue fourchue; quartiers : 1 Vy, 2 Bourguignon, 3 Vellechevreux, 4.....

74. Messire Jean de Vy dit Burlatte, homme d'armes en 1358, seigneur de Cubrial; quartiers : 1 Vy, 2 Bourguignon, 3 Vellechevreux, 4.....

75. Messire Jean de Vy dit le Vieux, marié en 1415 à Agnès de Létang, mort en 1456; quartiers : 1 Vy, 2 Bourguignon, 3 Igny, 4 Lugny.

76. Jacob de Vy; quartiers : 1 Vy, 2 Igny, 3 Létang, 4.....

77. Messire Jean de Vy dit le Jeune, seigneur d'Aucelle, Longevelle, Saulx, marié en 1444 à Jacquette de Rougemont; quartiers : 1 Vy, 2 Igny, 3 Létang, 4.....

78. Messire Jean de Vy, seigneur d'Aucelle, Saulx, Longevelle, marié à Magdeleine de Lantenne; quartiers : 1 Vy, 2 Létang, 3 Rougemont, 4 Chauvirey.

79. Messire Jacques de Vy dit Burlatte; quartiers : 1 Vy, 2 Vellechevreux, 3....., 4.....
80. Messire Guy de Vy, marié à Alix de Romain, du nombre des chevaliers qui installèrent l'archevêque en 1440; quartiers : 1 Vy, 2 Bourguignon, 3 Igny, 4 Lugny.

Nota. Les dates des réceptions suivantes doivent être précises ayant été calquées sur les registres.

1449. 81. Messire Simon d'Orsans, seigneur dudit lieu, Lomont, La Neuvelle, etc., échanson de Philippe-le-Bon duc de Bourgogne, marié à Marie de Lantenne, reçu en 1449, mort en 1476; quartiers : 1 Orsans, 2 Latour, 3 Leugney, 4 Vercel.
82. Messire Thiébaud de Rougemont, archevêque de Besançon, prince du St.-Empire romain, etc., reçu en 1449, mort en 1476; quartiers : 1 Rougemont, 2 Ray, 3 Neufchâtel, 4 Bourgogne.
83. Messire Huguenin de Vuillaffans, sire de Say, reçu en 1449, mort en 1474; quartiers : 1 Vuillaffans, 2 Say, 3 Aigremont, 4 Saint-Mauris-en-Montagne.
84. Messire Etienne de Scey, seigneur de Chan-

tonnay, reçu en 1449, mort en 1458, portait 1449.
de sable semé de croix recroisetées au pied, fichées
d'or, au lion couronné de même sur le tout ;
quartiers : 1 Scey, 2 Julcy, 3....., 4.....

85. Messire Antoine sire de Montmartin, gouverneur et bailli général du comté de Bourgogne, reçu en 1450, mort en 1476 ; quartiers : 1 Montmartin, 2 Mouchet, 3 Rougemont, 4 Neufchâtel.

86. Messire Renard de Bressey, reçu en 1450, mort en 1451 ; quartiers : 1 Bressey, 2......, 3 Montrichard, 4.....

87. Messire Jean de Leugney, marié à Gillette d'Amance, reçu en 1452, mort en 1470 ; quartiers : 1 Leugney, 2 Florence, 3 Vy, 4 Trévillers.

88. Messire Jean d'Andelot, écuyer d'écurie du duc Philippe, marié à Jeannette d'Aigremont, reçu en 1452, mort en 1471 ; quartiers : 1 Andelot, 2 Vuillaffans, 3 Usie, 4 Vaudrey.

89. Messire Huguenin de Verchamps dit Bagnolet, reçu en 1455, mort en 1478, portait de sable à trois fasces d'or ; quartiers : 1 Verchamp, 2 Saulcourt, 3 Liesle, 4.....

90. Messire Etienne de Grammont, seigneur dudit lieu, Grange, Châtillon, Fallon, Roche, etc., marié à Marie de Saint-Aubin, reçu en 1456, mort en 1496 ; quartiers : 1 Grammont, 2 Andelot, 3 Arbon, 4 Commercy.

91. Messire Jacques de Vy, marié à Jeanne de Villars, reçu en 1457, mort en 1481 ; quartiers :

1 Vy, 2 Létang, 3 Rougemont, 4 Chauvirey.

92. Messire Jacques sire de Montmartin, homme d'armes en 1414, armé chevalier après la bataille de Gaüre, commandait cent lances à la prise de Beauvais, maréchal-des-logis à la guerre de Liège, par le duc Charles, reçu en 1463, mort en 1472; quartiers : 1 Montmartin, 2 Rougemont, 3 Chauvirey, 4 Nant.

93. Messire Jacquot de Venere, reçu en 1463, mort en 1478, portait de   ; quartiers : 1 Venere, 2 La Chapelle, 3....., 4.....

94. Messire Thiébaud de Grammont, seigneur à Grammont, Gesans, Grenans, marié à Marie de Vy, reçu en 1463, mort en 1494; quartiers : 1 Grammont, 2 Grenans, 3 Montmartin, 4 Bouton.

95. Messire Guillaume de Gevigney, reçu en 1463, mort en 1495; quartiers : 1 Gevigney, 2....., 3....., 4.....

96. Messire Pierre de Rougemont, homme d'armes, reçu en 1463, mort en 1470; quartiers : 1 Rougemont, 2 Neufchâtel, 3 Vienne, 4 Villars-Thoire.

97. Messire Henri de Montrichier, reçu en 1463, mort en 1468, portait lozangé d'or et de gueules.

98. Messire Henri de Scey, chevalier, seigneur de Fertans, Maillot, etc., reçu en 1465, mort la même année, marié à Cécile de Groson; quartiers : 1 Scey, 2....., 3....., 4.....

99. Messire Henri de MALAIN, baron de Lux, 1470 marié à Marguerite de Lux, reçu en 1470, mort en 1471, portait partie d'azur et d'argent, l'azur chargé d'un sauvage d'or, et l'argent d'un lion de gueules; quartiers : 1 Malain, 2....., 3....., 4.....

100. Messire Philibert-Philippe de LA PALUD, chevalier, comte de La Roche, seigneur de Varambon, Richemont, etc., conseiller et chambellan du duc de Bourgogne, reçu en 1470, mort en 1473, portait de gueules à la croix d'hermine; quartiers : 1 La Palud, 2 La Baulme-St.-Amour, 3 La Palud, 4 Montchenu.

101. Messire Jean de GRAMMONT, seigneur de Veset, marié à Marguerite d'Arguel, reçu en 1470, mort en 1474; quartiers : 1 Grammont, 2 Varre, 3 Veset, 4 Charmes.

102. Messire Pierre de BRESSEY, reçu en 1470, mort en 1498; quartiers : 1 Bressey, 2 Montrichard, 3 Bucey, 4 Mollans.

103. Messire Jean d'ANDELOT, conseiller et maître d'hôtel de Charles VIII, roi de France, marié à Catherine de Vuillaffans; quartiers : 1 Andelot, 2 Usie, 3 Filain, 4 La Chapelle.

104. Messire Claude DESCHAMPS, reçu en 1470, mort en 1489, portait de sable à la fasce d'argent; quartiers : 1 Deschamps, 2....., 3 Vaite, 4.....

105. Messire Louis de MONTMARTIN, chevalier, conseiller, chambellan du duc Charles, com-

mandant cent lances de ses ordonnances, fait prisonnier à la bataille donné près de Gray en 1475, reçu en 1470, mort en 1475; quartiers : 1 Montmartin, 2 Chauvirey, 3 Bouton, 4.....

106. Messire Jean de GEVIGNEY, du nombre des gentilshommes qui installèrent l'archevêque en 1440, reçu en 1470, mort en 1480; quartiers : 1 Gevigney, 2....., 3....., 4.....

107. Messire Etienne de VUILLAFFANS, seigneur de Battenant, Guiscuil, Say, bailli de Neufchâtel, reçu en 1470, mort en 1497; quartiers : 1 Vuillaffans, 2 Clairon, 3 Dompré, 4 Savigny.

108. Messire Jean de MONTROST, reçu en 1470, mort en 1481; quartiers : 1 Montrost, 2 Liesle, 3 Arpenans, 4 Vy.

109. Messire Simon de VESOUL dit Cheneveuille, seigneur de Frotey, Arpenans, etc., marié à Jeanne de Salins, reçu en 1470, mort en 1492; quartiers : 1 Vesoul, 2 Arpenans, 3 Semoustier, 4 Nant.

110. Messire Jean de CHENESSEY, grand échanson du duc Philippe, reçu en 1470, mort en 1480, portait de gueules à trois fasces ondées d'or; quartiers : 1 Chenessey, 2 Vorne, 3....., 4.....

111. Messire Jean de VERCHAMPS, reçu en 1470, mort la même année; quartiers : 1 Verchamps, 2 Liesle, 3....., 4.....

112. Messire Jean de VAUDREY, homme d'armes en 1417, seigneur de Larians, reçu en 1470, mort

en 1473; quartiers : 1 Vaudrey, 2 Montbozon, 3 Soyecourt, 4 Chatillon.

113. Messire Jean de Villers, du nombre des gentilshommes qui installèrent l'archevêque en 1440, reçu en 1470, mort en 1490; quartiers : 1 Villers, 2....., 3....., 4.....

114. Messire Jean de Montureux-en-Ferrette, homme d'armes en 1417, seigneur dudit lieu et Melisey, conseiller du duc, marié à Catherine-Clémence d'Usie, chanoinesse de Remiremont, reçu en 1470, mort en 1471, portait d'or au lion de sable, à la bordure engrêlée de gueules; quartiers : 1 Montureux, 2....., 3....., 4.....

115. Messire Jean d'Andelot, bailli d'Amont, reçu en 1470, mort en 1483; quartiers : 1 Andelot, 2 Filain, 3 Montclef, 4 Coublans.

116. Messire Guillaume d'Andelot, sire dudit lieu et de Tromarey, marié à Guillemette de Mion, reçu en 1470, mort en 1494; quartiers : 1 Andelot, 2 Usie, 3 Filain, 4 La Chapelle.

117. Messire Guillaume de Grammont, seigneur de Veset, marié à Jacquette d'Amange, reçu en 1470, mort en 1475; quartiers : 1 Grammont, 2 Veset, 3 Arguel, 4 Usie.

118. Messire Guillaume de Grammont, seigneur de Fallon, reçu en 1470, mort en 1477; quartiers : 1 Grammont, 2 Andelot, 3 Arbon, 4 Commercy.

119. Messire Jean de Friant de Faverney, reçu en 1470, mort en 1551; quartiers : 1 Friant,

2 Munans, 3 Mailleroncourt, 4 Grammont.

120. Messire Pierre de Beaumotte, reçu en 1473, mort en 1501; quartiers : 1 Beaumotte, 2 Soyecourt, 3 Vuillaffans, 4 Clairon.

121. Messire Mathé de Montjustin, reçu en 1473, mort en 1494, portait de gueules à la bande d'or, accompagnée de deux bâtons de même; quartiers: 1 Montjustin, 2 Chenessey, 3 Bermont, 4 Scey.

122. Messire Guillaume de Grammont, reçu en 1473, mort en 1520; quartiers : 1 Grammont, 2 Grachaux, 3 Savoisy, 4 Vidal.

123. Messire Jean de Beaujeu, seigneur de Chaseuil, marié 1.º à Marguerite de Soilley, 2.º à Catherine de Mont-Saint-Ligier, reçu en 1473, mort en 1504, portait burelé d'argent et de gueules de dix pièces; devise, A TOUT VENANT BEAUJEU; quartiers : 1 Beaujeu, 2 Queutrey, 3 Charmes, 4.....

124. Messire Jean de Chemilly, abbé de Theuley, reçu en 1473, mort en 1489, portait de vair; quartiers : 1 Chemilly, 2 Epenoys, 3 Tison, 4.....

125. Messire Artaud de Longevelle, seigneur dudit lieu et Chevigney, marié à Louise de Morel, reçu en 1473, mort en 1510; quartiers : 1 Longevelle, 2 Scey, 3 Vautravers, 4 Binan.

126. Messire Charles de Neufchâtel, archevêque de Besançon, prince du Saint-Empire, reçu en 1473, mort en 1509, portait de gueules à la bande d'argent; quartiers : 1 Neufchâtel, 2 Montaigu, 3 Castro, 4 Sousa.

6

127. Messire Philibert de Montrost, reçu en 1473, mort en 1516; quartiers: 1 Montrost, 2 Arpenans, 3 Lol, 4 Soyecourt.

128. Messire Guillaume de Saint-Seigne, maître d'hôtel du duc Philippe-le-Bon, marié à Chrestienne de Cusance en 1473, mort en 1496, portait de gueules à trois jumelles d'or; quartiers: 1 Saint-Seigne, 2....., 3....., 4.....

129. Messire Philibert de Mangerost, reçu en 1473, mort en 1486, portait d'or, fretté de sable, au chef d'azur; quartiers: 1 Mangerost, 2....., 3....., 4.....

130. Messire Simon de Loige, reçu en 1473, mort en 1479, portait d'or au sautoir d'azur.

131. Messire Jean de Lambrey, reçu en 1473, mort en 1484, portait d'azur au chevron d'or, accompagné de trois fermails en lozange, aussi d'or; quartiers: 1 Lambrey, 2 Cicon, 3 Semoustier, 4 Leclerc.

132. Messire Jean de Romain, reçu en 1473, mort en 1488, portait d'or à la croix de sinople, chargée de cinq coquilles d'or.

133. Messire Philibert de Vaudrey, homme d'armes en 1417, seigneur de Saint-Phal, Sains, Morainvillers, etc., marié à Philipotte de Fay, reçu en 1474, mort en 1476; quartiers: 1 Vaudrey, 2 Soyecourt, 3 Montot, 4 Beaujeu.

134. Messire Thierry de Charmes, reçu en 1474, mort en 1483, brisait ses armes d'un cœur de

gueules; quartiers : 1 Charmes, 2....., 3....., 4....

135. Messire Henri d'Orsans, seigneur de Lomont et La Neuvelle, marié à Jeanne de Dompré, reçu en 1474, mort en 1496; quartiers : 1 Orsans, 2 Leugney, 3 Lantenne, 4 Quingey.

136. Messire Guillaume d'Angoulevent, du nombre des gentilshommes qui installèrent l'archevêque en 1440, marié à Guillemette de Vesoul, reçu en 1474, mort en 1485, portait d'hermine au chef de gueules, chargé de deux quintefeuilles d'or; quartiers : 1 Angoulevent, 2....., 3....., 4.....

137. Messire Jacques de Flammerans, du nombre des gentilshommes qui installèrent l'archevêque de Besançon en 1440, reçu en 1474, mort en 1482, portait d'azur au sautoir engrêlé d'or, accompagné de quatre flammes de même; quartiers : 1 Flammerans, 2....., 3....., 4.....

138. Messire Jean d'Azuel, reçu en 1474, mort en 1482; quartiers : 1 Azuel, 2 Rougemont, 3....., 4.....

139. Messire Claude-François d'Occors, seigneur de Chay, reçu en 1474, mort en 1536, portait de gueules au chef danché d'or de trois pièces; quartiers : 1 Occors, 2....., 3....., 4.....

140. Messire Guillaume d'Andelot, reçu en 1474, mort la même année; quartiers : 1 Andelot, 2....., 3....., 4.....

141. Messire Bernard de Chalons, seigneur de Bri-

gnon, issu de Louis et de Marguerite de Vienne (1), reçu en 1478, mort en 1499, portait au 1 et 4 de gueules à la bande d'or, qui est de Châlons, au 2 et 3 d'or au huchet d'azur, qui est d'Orange, à cinq points d'or équipollés à quatre d'azur, qui est de Genève; quartiers : 1 Châlons, 2 Baux, 3 La Trimouille, 4 Noyers.

142. Messire Pierre de SAINT-MAURIS-en-Montagne, marié à Françoise de Rougemont en 1478, seigneur de St.-Mauris, Cour, Fleurey, Sancey, etc., capitaine et gouverneur de Chatillon, reçu en 1478, mort en 1510; quartiers : 1 Saint-Mauris, 2 Aucelle, 3 Blandans, 4 Montureux-en-Ferrette.

143. Messire Antoine de VERCHAMPS, reçu en 1478, mort en 1497; quartiers : 1 Verchamps, 2....., 3....., 4......

144. Messire Guillaume de VY, marié 1.° à Gabrielle d'Aubonne, 2.° à Catherine de Gevigney, du nombre des chevaliers qui installèrent l'archevêque en 1440, reçu en 1479, mort en 1497; quartiers : 1 Vy, 2 Létang, 3 Rougemont, 4 Chauvirey.

145. Messire Jacques de VILLÉ, reçu en 1485, mort en 1503, portait coupé d'argent et de gueules, l'argent chargé de trois pals de gueules; quartiers: 1 Villé, 2....., 3....., 4......

146. Messire Simon d'ANGOULEVENT, reçu en 1485,

1478

---

(1) Porté dans la liste de 1566, V. page 12.

mort en 1488; quartiers : 1 Angoulevent, 2....., 3....., 4.....

147. Messire George de MONTUREUX, baron de Melisey, marié 1.° à Simonne d'Orsans; 2.° à Jeanne de Courbessaint, reçu en 1485, mort en 1518; quartiers : 1 Montureux, 2 Maizières, 3 Rougemont, 4 Neufchâtel.

148. Messire Louis d'AMANCE, reçu en 1485, mort en 1515, portait burelé d'argent et de sable de dix pièces, à la bande de gueules sur le tout; quartiers : 1 Amance, 2....., 3 Prévost, 4.....

149. Messire Pierre de VELLEGUINDRY, reçu en 1485, mort en 1505, portait d'or à la bande de gueules frettée d'or, côtoyée de deux bâtons de même; quartiers : 1 Velleguindry, 2....., 3....., 4.....

150. Messire Etienne de LEUGNEY, reçu en 1485, mort en 1510, marié à Louise de Clairon; quartiers : 1 Leugney, 2 Florence, 3 Vy, 4 Trévillers.

151. Messire Pierre de BAUFFREMONT, baron de Scey-sur-Saône, chambellan du duc de Bourgogne, marié à Charlotte de Mauvilly, reçu en 1485, mort en 1524; quartiers: 1 Bauffremont, 2 Vergy, 3 Villersexel, 4 Montaigu.

152. Messire Claude de MONTMARTIN, seigneur de Vellexon, gouverneur de Mâcon, d'une valeur extrêmement remarquable et si dévoué au duc que quoique couvert de 19 blessures dans un combat, il ne voulut jamais se rendre, et fut massacré; reçu en 1485, mort en 1522;

quartiers : 1 Montmartin, 2 Chauvirey, 3 Bouton, 4 Salins.

153. Messire Guillaume de Lambrey, reçu en 1485, mort la même année; quartiers : 1 Lambrey, 2 Semoustier, 3 Orsans, 4 Lantenne.

154. Messire Guyot de Jaquelain, reçu en 1485, mort en 1510, portait d'azur à trois étoiles d'or; quartiers : 1 Jaquelain, 2....., 3....., 4.....

155. Messire Jean d'Achey, baron de Thoraise, seigneur de Vereux, etc., grand bailli d'Auxois, marié à Françoise Mouchet, reçu en 1486, mort en 1515, portait de gueules à deux haches d'armes adossées d'or; devise, JAMAIS LAS D'ACHER; quartiers : 1 Achey, 2 Citey, 3 Thoraise, 4 Rougemont.

156. Messire Richard de Pierrefontaine, marié à N..... de Moffans, reçu en 1486, mort en 1520, portait de gueules au croissant d'argent sur le 1.er quartier, et une étoile d'or sur les trois autres; quartiers : 1 Pierrefontaine, 2....., 3....., 4.....

157. Messire Philippe de Mangerost, reçu en 1486, mort en 1515; quartiers : 1 Mangerost, 2....., 3....., 4.....

158. Messire Guillaume de Mailleroncourt, reçu en 1486, mort en 1512, portait d'argent à la bande de gueules, côtoyée de deux bâtons de même; quartiers : 1 Mailleroncourt, 2....., 3....., 4.....

159. Messire Antoine de Leugney, marié à Claudine

de Beaujeu, reçu en 1486, mort en 1513; quartiers : 1 Leugney, 2 Vy, 3 Amance, 4 Prevost.

160. Messire Guillaume de SAINT-MARTIN, seigneur de Saint-Martin, marié 1.° à Guillemette de Montureux, 2.° à Catherine de Villers, reçu en 1486, mort en 1529; quartiers : 1 Saint-Martin, 2 Ligny, 3 Saint-Mauris-en-Montagne, 4 Aucelle.

161. Messire Huguenin de VILLERS, marié à Catherine de Vuillaffans, reçu en 1486, mort en 1503; quartiers : 1 Villers, 2....., 3....., 4.....

162. Messire Jean de SAINT-MAURIS-en-Montagne, dit quelquefois le Berchenet par allusion au nom de baptême de Berchin de Saint-Mauris-en-Montagne, chevalier, sire de Mathay et de Roye, marié à Jeanne de Trévillers; son bisaïeul, seigneur de Bustal, Allanjoye, Roye, capitaine et gouverneur de Neufchâtel et de Lisle, marié à Gillette d'Orsans, reçu en 1486, mort en 1503, comme on le voit sur sa tombe encore existante à Mathay, où sont sculptées ses armoiries et celles de sa femme et de ses quartiers; quartiers : 1 Saint-Mauris, 2 Durnes, 3 Bustal, 4 Vesoul.

163. Messire Etienne de VOISEY, reçu en 1487, mort en 1498, portait de sable à trois cols de cygne d'argent, becqués de gueules; quartiers : 1 Voisey, 2....., 3....., 4.....

164. Messire Adrien de MAILLY, reçu en 1487, mort la même année, portait de gueules à trois

maillets d'or; quartiers : 1 Mailly, 2 Cayeux, 3 Ailly, 4 Bourgogne.

165. Messire Guillaume d'EPENOYS, seigneur de Maillot, marié à Guyonne de Saubertier (*alias* Beurville), reçu en 1487, mort en 1505, portait d'azur à trois croissans d'or; quartiers : 1 Epenoys, 2 Rochefort, 3 Clairon, 4 Dompré.

166. Messire Simon de QUINGEY, seigneur de Montboillon, page du duc Charles, puis son ambassadeur en France et échanson, reçu en 1487, mort en 1523; quartiers : 1 Quingey, 2 Aucelle, 3 Montrichard, 4 Merceret.

167. Messire Guillaume MOUCHET de Besançon, seigneur de Château-Rouillaud, reçu en 1487, mort en 1507, portait de gueules à trois mouchets d'argent; quartiers : 1 Mouchet, 2 Scey, 3 Saulx, 4 Inteville.

168. Messire Arnould de BLICTERSWICH, cadet d'une ancienne maison chevaleresque et baronnale de Gueldres qui s'attacha au service du duc de Bourgogne, et vint s'établir au comté, où il fut tige d'une branche florissante qui s'éteignit au 18.ᵉ siècle, marié à Alix de Grammont, seigneur de La Roche-sur-Colombier, Chateney, reçu en 1487, mort en 1506, portait d'or à trois pointes d'émanchures de gueules, mouvantes du chef; devise, HONNEUR Y GYST; quartiers : 1 Blicterswich, 2......, 3 Berloo, 4......

169. Messire Thiébaud de CHALONS, seigneur de

Grignon et de Rougemont, reçu en 1487, mort en 1512; quartiers : 1 Châlons, 2 La Trimouille, 3 Rougemont, 4 Saulx.

170. Messire Etienne de FALETANS, homme d'armes, écuyer tranchant du duc de Bourgogne ; du nombre des chevaliers qui se croisèrent sous le vœu dit du Faisant, qui fut sans effet, marié à Jeanne de La Rochelle, reçu en 1487, mort en 1504, portait de gueules à l'aigle d'argent; devise, UNE FOY FALETANS; quartiers : 1 Faletans, 2 Cornu, 3 Malpertuis, 4 Palouset.

171. Messire Louis MOUCHET, seigneur de Château-Rouillaud, Avilley, Thieffrans, marié à Jeanne de Courtelery, reçu en 1487, mort en 1539; quartiers : 1 Mouchet, 2 Montmartin, 3 La Tour-Saint-Quentin, 4 Rozet.

172. Messire Jacques de MONTMARTIN, accompagna Philippe-le-Bel à son voyage d'Espagne, commandant de cent lances, armé chevalier après la bataille de Gaüre, reçu en 1487, mort ; quartiers : 1 Montmartin, 2 Bouton, 3 Cusance, 4 Savoisy.

173. Messire Claude de LA PALUD, chevalier, comte de La Roche, seigneur de Varambon, Bouligneux, etc., reçu en 1489, mort en 1517; quartiers : 1 La Palud, 2 La Palud, 3 Neufchâtel, 4 Castro.

174. Messire Pancras de PETITEPIERRE, reçu en 1489, mort en 1517, portait de gueules au chevron

d'argent, soutenu d'une fasce de même en pointe; quartiers : 1 Petitepierre, 2....., 3....., 4..... 1492.

175. Messire Antoine d'AMANCE, reçu en 1492, mort en 1495; quartiers : 1 Amance, 2 Prevost, 3....., 4.....

176. Messire Pierre de SAINT-SEIGNE, reçu en 1492, mort en 1500; quartiers : 1 Saint-Seigne, 2....., 3....., 4.....

177. Messire Simon de VESOUL, reçu en 1492, mort en 1498; quartiers : 1 Vesoul, 2 Arpenans, 3 Doux, 4 Nant.

178. Messire Perceval de GRAMMONT, seigneur de Grammont, Gesans, Grenans, marié à Catherine de Montmartin, reçu en 1495, mort en 1515; quartiers : 1 Grammont, 2 Quingey, 3 Grenans, 4.....

179. Messire Jean de VILLÉ, seigneur de Fontaine, reçu en 1495, mort en 1505; quartiers : 1 Villé, 2....., 3....., 4.....

180. Messire Guillaume de SALINS-LA-TOUR, chevalier, seigneur de Raus, reçu en 1495, mort en 1527, portait d'azur à la tour d'or maçonnée de sable; quartiers : 1 Salins, 2 d'Oicy, 3 Poincy, 4.....

181. Messire Etienne d'ORSANS, seigneur de Lomont, La Neuvelle, marié à Clauda de Grandvillars, reçu en 1496, mort en 1509; quartiers : 1 Orsans, 2 Lantenne, 3 Dompré, 4 Longevelle.

182. Messire Guichard de SAINT-SEIGNE, reçu en

1496, mort en 1509; quartiers : 1 Saint-Seigne, 2....., 3....., 4.....

183. Messire Adrien de Vy, seigneur de Mercey, Gevigney, marié à Isabelle d'Aubonne, reçu en 1497, mort en 1519; quartiers : 1 Vy, 2 Rougemont, 3 Aubonne, 4 Buffignécourt.

184. Messire Ferdinand de Neufchatel, chevalier de la Toison-d'Or, marié 1.° à Magdeleine de Fenestrange, 2.° à Clauda de Vergy, 3.° à Etiennette de La Baume, reçu en 1497, mort en 1523; quartiers : 1 Neufchâtel, 2 Montaigu, 3 Castro, 4 Sousa.

185. Messire Guillaume de Vergy, fils de Jean et de Paule de Miolans (1), seigneur de Champvans, gouverneur du Comté, maréchal de Bourgogne, commandait la cavalerie en Italie, s'était trouvé au siége de Landrecies, marié 1.° à Marguerite de Vergy, 2.° à Anne de Rochechouart, reçu en 1497, mort en 1520; portait de gueules à trois roses d'or; cri, SANS VARIER; quartiers : 1 Vergy, 2 Gruères, 3 Miolans, 4 La Chambre.

186. Messire Charles de Montmartin, reçu en 1497, mort en 1511; quartiers : 1 Montmartin, 2 Bouton, 3 Cusance, 4 Savoisy.

187. Messire Antoine de Montureux, marié à Marie d'Haguembach; reçu en 1497, mort en 1518; quartiers : 1 Montureux, 2 Maizières, 3 Rougemont, 4 Neufchâtel.

---

(1) Porté dans la Charte de 1366, V. page 12.

188. Messire Rodolphe d'Orsans, maréchal héréditaire du Saint-Empire, marié à Isabeau de Chauvirey, reçu en 1497, mort en 1515; quartiers : 1 Orsans, 2 Lanteune, 3 Dompré, 4 Longevelle. 1497.

189. Messire Jean de Grammont, seigneur de Grammont, à Grange, Châtillon, chambellan de l'archiduc Philippe-le-Bel, fut du tournois de Valladolid, marié à Guillemette de Fretigney, reçu en 1497, mort en 1534; quartiers : 1 Grammont, 2 Arbon, 3 Saint-Aubin, 4 Joux.

190. Messire Jean d'Arménier, chevalier, reçu en 1497, portait d'azur à la fasce d'or, accompagné de trois hermines de même; quartiers : 1 Arménier, 2....., 3 Savigny, 4.....

191. Messire Thiébaud de Gevigney, reçu en 1497, mort en 1526; quartiers : 1 Gevigney, 2....., 3....., 4.....

192. Messire Jean de Neufchatel, reçu en 1497, mort en 1510; quartiers : 1 Neufchâtel, 2 Montaigu, 3 Castro, 4 Sousa.

193. Messire Etienne de Vesoul, seigneur de Frotey, Arpenans, marié 1.° à Jeanne de Falerans, 2.° à Adrienne d'Achey, reçu en 1498, mort en 1513; quartiers : 1 Vesoul, 2 Semoustier, 3 Salins, 4.....

194. Messire Claude de Bressey, reçu en 1498, mort en 1533; quartiers : 1 Bressey, 2 Bucey, 3....., 4.....

195. Messire Louis d'Orsans, seigneur de Cemboing,

Vic, Ainans, Auverne, Mompré, Chariey, bailli du Charollois, marié 1.° à Anne de La Palud, 2.° à Adrienne d'Achey, reçu en 1498, mort en 1520; quartiers: 1 Orsans, 2 Lantenne, 3 Dompré, 4 Longevelle.

196. Messire Etienne de MONTMARTIN, sire dudit lieu, reçu en 1498, mort en 1520; quartiers: 1 Montmartin, 2 Chauvirey, 3 Bouton, 4 Salins.

197. Messire Jean de GRAMMONT, seigneur de Chatillon, Vellefaux, reçu en 1498, mort en 1530; quartiers: 1 Grammont, 2 Arbon, 3 Vellefaux, 4 Igny.

198. Messire Gaspard de SAULX, reçu en 1498, mort en 1506, portait d'azur au lion d'or, armé et lampassé de gueules; quartiers: 1 Saulx, 2....., 3....., 4......

199. Messire Gerard de VIENNE, seigneur de Ruffey, chevalier de l'ordre du Roi, et de la Reine Eléonore d'Autriche, marié à Benigne d'Inteville, reçu en 1499, mort vers 1522; quartiers: 1 Vienne, 2 Beaufort, 3 Neufchâtel, 4 Castro.

200. Messire Jean d'AZUEL, reçu en 1499, mort en 1544; quartiers: 1 Azuel, 2....., 3....., 4......

201. Messire Jean DESCHAMPS, reçu en 1499, mort en 1550; quartiers: 1 Deschamps, 2....., 3....., 4......

202. Messire Adrien de SAINT-MAURIS-en-Montagne, dit quelquefois Berchenet, ainsi que son cousin (n.° 162), sobriquet dérivé du nom de baptême.

de Berchin de Saint-Mauris-en-Montagne, chevalier, sire des châteaux-forts de Mathay, de Roye, etc.; son bisaïeul marié à Jeanne de Trévillers, lequel Adrien fut aussi sire de Mathay, Roye, etc., marié à Marie de Grammont, lieutenant pour le roi de Bohême, capitaine et gouverneur de Neufchâtel et de Lisle, reçu en 1499, mort en 1535, selon l'épitaphe de son tombeau encore existant à Mathay, chargé de ses armoiries avec supports et cimier, et celles de sa femme et de ses quartiers; quartiers : 1 Saint-Mauris, 2 Durnes, 3 Bougne, 4 Buffignécourt.

203. Messire Antoine de LEUGNEY, reçu en 1499, mort en 1501; quartiers : 1 Leugney, 2 Florence, 3 Vy, 4 Trévillers.

204. Messire Claude de MONTCLEF, reçu en 1499, mort en 1504, portait d'argent au chef de gueules chargé de trois têtes de léopard couronnées d'or; quartiers : 1 Montclef, 2 Coublans, 3....., 4.....

205. Messire Anatoile de VAIVRE, reçu en 1499, mort en 1527, portait d'or au sautoir de sable chargé de cinq lozanges aussi d'or; quartiers : 1 Vaivre, 2....., 3....., 4.....

206. Messire Pierre de LAVONCOURT, reçu en 1499, mort en 1511, portait d'azur à sept coquilles d'or, six en orle, et une en cœur; quartiers : 1 Lavoncourt, 2....., 3....., 4.....

207. Messire François de RAY, seigneur de La Ferté et Beaujeu, reçu en 1500, mort en 1507; quar-

tiers : 1 Ray, 2 Neufchâtel, 3 Vergy, 4 Gruères.

208. Messire Pierre de VERGY, reçu en 1500, gouverneur de l'ordre en 15.., marié à Alix de Rougemont, mort en 1520; quartiers : 1 Vergy, 2 Vienne, 3 Wouflans, 4.....

209. Messire Thiébaud de GRANDVILLARS, reçu en 1500, mort en 1515, portait d'azur à trois écus d'argent; quartiers : 1 Grandvillars, 2....., 3....., 4.....

210. Messire Charles de VY, seigneur d'Aucelle, Genevrey, marié à Madeleine de Chavanne, reçu en 1500, mort en 1510; quartiers : 1 Vy, 2 Rougemont, 3 Lantenne, 4.....

211. Messire Thomas de GRAMMONT, seigneur de Vellechevreux, marié 1.° à Marguerite de Montfort, 2.° à Marguerite de Mailleroncourt, reçu en 1500, mort en 1515; quartiers : 1 Grammont, 2 Saulx, 3 Dompré, 4 Faucogney.

212. Messire Jacques de GRAMMONT, marié 1.° à Catherine de Thon, 2.° à Marguerite de Saint-Mauris-en-Montagne, reçu en 1500, mort.....; quartiers : 1 Grammont, 2 Saulx, 3 Grenans, 4.....

213. Messire Claude comte d'ARBERG, seigneur de Valengin, reçu en 1500, mort en 1510, portait de gueules au pal d'or, chargé de trois chevrons de sable; quartiers : 1 Arberg, 2 Bauffremont, 3 Neufchâtel, 4.....

214. Messire Renaud de BOUGNE, marié à N....

de Saint-Loup, reçu en 1500, mort en 1520, portait de sable au cerf effaré d'argent ramé d'or; quartiers : 1 Bougne, 2 Champagne, 3 La Chambre, 4.....

1500.

215. Messire Louis de Vy, marié à Jeanne Deschamps, reçu en 1500, mort en 1509; quartiers : 1 Vy, 2 Igny, 3....., 4.....

216. Messire Thierry de BLICTERSWICH, capitaine châtelain de Saint-Hippolyte, seigneur de la Roche, Chateney, Mandœure, marié à Marguerite de Trévillers, reçu en 1500, mort en 1519; quartiers : 1 Blicterswich, 2 Berloo, 3 Grammont, 4 Vellechevreux.

217. Messire Jean d'ORCHAMPS, reçu en 1500, mort en 1521, portait de gueules au chevron d'or, accompagné de trois étoiles de même; quartiers : 1 Orchamps, 2....., 3....., 4.....

218. Messire Hugues de RYE, seigneur de Balançon, reçu en 1500, mort en 1507; quartiers : 1 Rye, 2 Vienne, 3 Rupt, 4 Bauffremont.

219. Messire François de RAY, seigneur de Seveux et Saint-Julien, marié à Philiberte de Rupt, reçu en 1500, mort en 1516; quartiers : 1 Ray, 2 Vergy, 3 Vienne, 4 Châlons.

220. Messire Elion d'IGNY, chevalier, marié à Jacquette de Neufchâtel, reçu en 1501, mort en 1502, portait burelé d'argent et de gueules de dix pièces; quartiers : 1 Igny, 2 Champdivers, 3 Inteville, 4 Trouillard-de-Lisine.

221. Messire Henri de Beaumotte, marié à Jeanne de Vuillaffans, reçu en 1501, mort en 1521; quartiers : 1 Beaumotte, 2 Vuillaffans, 3 Bourbévelle, 4 Saint-Belin.
222. Messire Charles de Friant, reçu en 1501, mort en 1503; quartiers : 1 Friant, 2 Mailleroncourt, 3 Flammerans, 4.....
223. Messire Jean de Jacquelain, reçu en 1501, mort en 1531; quartiers : 1 Jacquelain, 2...... 3....., 4.....
224. Messire Philippe de Saint-Seigne, reçu en 1501, mort en 1510; quartiers : 1 Saint-Seigne, 2....., 3....., 4.....
225. Messire Henri de Neufchatel, chevalier de l'ordre du roi de France, reçu en 1501, mort en 1518; quartiers : 1 Neufchâtel, 2 Montbéliard, 3 Thil, 4 Grancey.
226. Messire Simon d'Andelot, sire dudit lieu et de Mion, grand maître d'hôtel de l'empereur, bailli de Dole, marié 1.° à Henriette de Cornon, 2.° à Jeanne de Séroz, reçu en 1502, mort en 1504; quartiers : 1 Andelot, 2 Filain, 3 Mion, 4 Granson.
227. Messire Guy de Bauffremont, seigneur de Scey, reçu en 1502, mort en 1504; quartiers : 1 Bauffremont, 2 Villersexel, 3 Mauvilly, 4.....
228. Messire Julien de La Haye, seigneur de Tresilley, écuyer de Charles archiduc d'Autriche, reçu en 1502, mort en 1508, portait fascé, en-

grêlé d'argent et d'azur de six pièces; quartiers: 1502.
1 La Haye, 2....., 3....., 4.....

229. Messire Antoine d'ARGUEL, reçu en 1502, mort en 1524, portait de gueules à la comète d'or; quartiers : 1 Arguel, 2 Avilley, 3 Usie, 4.....

230. Messire Antide de GRAMMONT, seigneur de Vellechevreux, marié à Catherine d'Anglure, reçu en 1502, mort en 1544; quartiers : 1 Grammont, 2 Dompré, 3 Crevecœur, 4.....

231. Messire Jean-Goul LE BŒUF, seigneur de Guyonvelle, marié à Jacquette de Saint-Mauris-en-Montagne, reçu en 1502, mort en 1531, portait de gueules au lion d'argent; quartiers : 1 Le Bœuf, 2 La Chataigneraye, 3 Trévillers, 4 Salins-la-Tour.

232. Messire Simon de CHAMPAGNE, seigneur dudit lieu, qui combattit au tournois de Nozeroy en 1519, marié à Marguerite de Chilley en 1522, reçu en 1502, testa en 1570, portait d'or au lion de gueules; quartiers : 1 Champagne, 2 Maizières, 3 Vy, 4 Beaumotte.

233. Messire Etienne de VILLERS, reçu en 1502, mort en 1506; quartiers : 1 Villers, 2....., 3....., 4.....

234. Messire Guillaume de QUEUVE, reçu en 1502, mort en 1535, portait d'azur à une cuvette d'or d'où sort une femme de carnation, les cheveux épars; quartiers : 1 Queuve, 2....., 3....., 4.....

235. Messire Jean d'ALLANJOYE, reçu en 1502, mort

en 1527, portait de gueules à l'aigle d'argent; quartiers : 1 Allanjoye, 2....., 3....., 4.....

236. Messire Huguenin de VILLERS, reçu en 1503, mort en 1512; quartiers : 1 Villers, 2....., 3...., 4.....

237. Messire Henri de FRIANT, reçu en 1503, mort en 1522; quartiers : 1 Friant, 2 Mailleroncourt, 3 Flammerans, 4.....

238. Messire Jean de LIVRON, reçu en 1503, mort en 1519, portait d'argent à trois fasces de gueules, au franc canton d'argent, chargé d'un roc de gueules ; quartiers : 1 Livron, 2....., 3....., 4.....

239. Messire Frédéric CAPELET, reçu en 1503, mort en 1506, portait.....

240. Messire Claude de LA CHAMBRE, reçu en 1503, mort en 1519, portait d'azur semé de fleurs-de-lis d'or, au bâton de gueules sur le tout; quartiers : 1 La Chambre, 2 Châlons, 3 Corgenon, 4 Saint-Trivier.

241. Messire Elion d'ANDELOT, seigneur de Tromarey, marié à Jeanne de Ferrières, reçu en 1503, mort en 1535; quartiers : 1 Andelot, 2 Filain, 3 Mion, 4 Granson.

242. Messire Antoine de LANANS, reçu en 1503, mort en 1519, portait de gueules au sautoir d'argent à la bordure d'or; quartiers : 1 Lanans, 2....., 3....., 4.....

243. Messire Pierre MOUCHET, seigneur de Château-

Rouillaud, marié à Jeanne de Rigney, reçu en 1503, mort en 1548; quartiers : 1 Mouchet, 2 Saulx, 3 Grammont, 4 Mailleroncourt.

244. Messire Claude de Franquemont, reçu en 1503, mort en 1519, portait de gueules à deux barbeaux adossés d'or; quartiers : 1 Franquemont, 2....., 3....., 4.....

245. Messire Philibert de Chalans, comte dudit Chalans, seigneur d'Ymeuille, Verres, Greyne, etc., reçu en 1503, mort en 1513, portait d'argent au chef de gueules, au bâton de sable sur le tout; quartiers : 1 Chalans, 2 Andrevet, 3 La Chambre, 4 Savoye.

246. Messire Charles de Citey, reçu en 1503, mort en 1530, portait de gueules à la bande d'or, accompagnée de douze billettes de même; quartiers : 1 Citey, 2....., 3....., 4.....

247. Messire Antoine de Charmoille, reçu en 1503, mort en 1518, portait d'argent à la bande de sable, côtoyée de deux bâtons de même; quartiers : 1 Charmoille, 2....., 3....., 4.....

248. Messire Pierre de Franquemont, reçu en 1503; quartiers : 1 Franquemont, 2....., 3....., 4.....

249. Messire Pierre de Montbéliard, reçu en 1503, mort en 1506, portait de gueules à deux bars d'or adossés; quartiers : 1 Montbéliard, 2....., 3....., 4.....

250. Messire Jean de Voisey, reçu en 1503, mort en 1511; quartiers : 1 Voisey, 2....., 3....., 4.....

504. 251. Messire Pierre de Beaujeu, seigneur de Moutot, reçu en 1504, mort en 1539; quartiers : 1 Beaujeu, 2 Saint-Andoche, 3 Scey, 4 Epenoys.

252. Messire Pierre de Montrichard, seigneur dudit lieu, Nant, marié 1.° à Catherine de Flammerans, 2.° à Parise de Lantenne, reçu en 1504, mort en 1531, portait de vair à la croix de gueules sur le tout; quartiers : 1 Montrichard, 2 Salins, 3 Falerans, 4 Poligny.

253. Messire Jean de Montclef, reçu en 1504, mort en 1512; quartiers : 1 Montclef, 2 Coublans, 3....., 4.....

254. Messire Léonard de Chauvirey, seigneur de Châteauvillain, marié à Louise de Colombier, reçu en 1504, mort en 1510; quartiers : 1 Chauvirey, 2 Nant, 3 Damas, 4 La Guiche.

255. Messire Nicolas de Thuillière, baron, seigneur de Montjoye, marié à Radegonde d'Oiselay, reçu en 1504, mort en 1537, portait de gueules à la clef d'argent en pal, qui est de Montjoye, écartelé de gueules à la clef d'or en pal, accompagnée de neuf billettes de même, qui est de Thuillière; quartiers : 1 Thuillière-Montjoye, 2 Thuillière-Montjoye, 3 Arberg-Valengin, 4....

256. Messire Marc de Vy, seigneur de Mercey, Gevigney, marié à Claudine de Beaumotte, reçu en 1505, mort en 1545; quartiers : 1 Vy, 2 Rougemont, 3 Villars, 4.....

257. Messire Jean de Villé, reçu en 1505, mort en

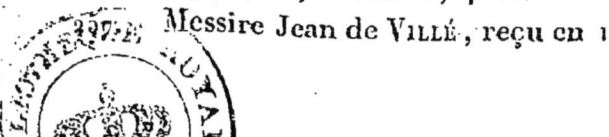

1523; quartiers : 1 Villé, 2....., 3....., 4..... 1505.

258. Messire Jean de Vuillaffans, seigneur de Bersaillin, reçu en 1505, mort la même année; quartiers : 1 Vuillaffans, 2 Rougemont, 3....., 4.....

259. Messire Hugues de Jaucour, reçu en 1506, mort en 1507, portait de sable à deux lions d'or passant l'un sur l'autre; quartiers : 1 Jaucour, 2....., 3....., 4.....

260. Messire Jean de Mugnans, seigneur de Laissey, reçu en 1506, mort en 1525, portait de gueules à trois bandes d'or; quartiers : 1 Mugnans, 2 Bougey, 3 Grachaux, 4.....

261. Messire Henri de Franquemont, marié à Marguerite de Grachaux, reçu en 1506, mort en 1531; quartiers : 1 Franquemont, 2....., 3 Arbonnay, 4.....

262. Messire Etienne de La Baume-Montrevel, seigneur d'Estes, de Saint-Etienne-du-Bois, Petignicour, etc., grand gruyer de Bresse, reçu en 1506, mort en 1531, portait d'or à la bande vivrée d'azur; quartiers : 1 La Baume, 2 Longvy, 3....., 4.....

263. Messire Louis de Blicterswich, reçu en 1506, mort en 1532; quartiers : 1 Blicterswich, 2 Berloo, 3 Grammont, 4 Mailleroncourt.

264. Messire Jean de Quingey, reçu en 1506, mort en 1525; quartiers : 1 Quingey, 2 Montrichard, 3 Rochefort, 4 Clairon.

265. Messire Jean de LA PALUD, seigneur de Viller-sexel, Noidans, etc., abbé de Luxeuil et de Saint-Paul de Besançon, protonotaire apostolique, prince et administrateur perpétuel du monastère de Lausanne, reçu en 1507, mort en 1533; quartiers : 1 La Palud, 2 La Palud, 3 Neufchâtel, 4 Castro.

266. Messire Jean de MELIGNY, seigneur de Thil, Dampierre, Franois, Angoulevent, (que quelques auteurs disent issus des comtes de Champagne, dont en effet ils portent les armes pleines), marié à Magdeleine de Quingey, portait d'azur à la bande d'argent, côtoyée de deux bandes d'or potencées, contre-potencées de sable; quartiers : 1 Meligny, 2 Mathay, 3 Montureux, 4.....

267. Messire Simon de RYE, seigneur dudit lieu, Balançon, Scey, etc., chevalier d'honneur au parlement de Dole, marié à Antoinette de La Baume-Montrevel, reçu en 1507, mort en 1576; quartiers : 1 Rye, 2 Vienne, 3 Rupt, 4 Bauffremont.

268. Messire Jean de RAY, seigneur de Pleure, reçu en 1507, mort en 1526; quartiers : 1 Ray, 2 Vienne, 3 Langez, 4.....

269. Messire Etienne de FALERANS, capitaine d'Arguel, reçu en 1507, mort en 1532, portait d'argent à la bande de sable, côtoyée de deux bâtons de même; quartiers : 1 Falerans, 2....., 3 Poligny, 4.....

270. Messire Claude de Cusance, baron de Belvoir, 1508. marié 1.º à Marie de Verey, 2.º à Isabelle de Châteauvillain, reçu en 1508, mort en 1560, portait d'or à l'aigle de gueules ; quartiers : 1 Cusance, 2 La Baume-Montrevel, 3 Savoisy, 4 Lugny.

271. Messire Guillaume de Beaujeu, seigneur de Montot, marié à Louise de Scey, reçu en 1508, mort en 1526; quartiers : 1 Beaujeu, 2....., 3....., 4.....

272. Messire Pierre de Leugney, reçu en 1508, mort en 1519; quartiers : 1 Leugney, 2 Amance, 3 Beaujeu, 4 Saint-Andoche.

273. Messire Antoine Deschamps, reçu en 1509, mort en 1517; quartiers : 1 Deschamps, 2....., 3....., 4.....

274. Messire Humbert de Rye, sire de Costebrune, reçu en 1509, mort en 1524; quartiers : 1 Rye, 2 Costebrune, 3 Salins, 4 Montferrand.

275. Messire Aimé de Ballay, chevalier, chambellan de Marguerite d'Autriche, bailli de Dole, marié à Anne de Byans, reçu en 1509, mort en 1528, portait de sable au lion d'or; quartiers : 1 Ballay, 2 La Faye, 3 Chintrey, 4.....

276. Messire Marc de Ray, sire dudit lieu, marié à Philippotte de Goux, reçu en 1509, mort en 1511; quartiers : 1 Ray, 2 Vergy, 3 Vienne, 4 Châlons.

277. Messire Jacques de Bressey, reçu en 1510,

mort en 1511; quartiers: 1 Bressey, 2 Bucey, 3....., 4.....

278. Messire Thiébaud de Verchamps, reçu en 1510, mort en 1524; quartiers: 1 Verchamps, 2......, 3....., 4....

279. Messire Antoine de Leugney, marié à Catherine de Trévillers, reçu en 1510, mort en 1524; quartiers: 1 Leugney, 2 Vy, 3 Amance, 4 Prevost.

280. Messire Philibert de Chauvirey, seigneur de Châteauvillain et Colombier, marié à Isabeau d'Achey, reçu en 1510, mort en 1516; quartiers: 1 Chauvirey, 2 Damas, 3 Colombier, 4 Ciçon.

281. Messire Etienne de Pierrefontaine, marié à Louise de Rougemont, veuve de Jean de Saint-Mauris-en-Montagne, écuyer et chambellan du duc de Bourgogne, reçu en 1510, mort en 1521; quartiers: 1 Pierrefontaine, 2......, 3 Moffans, 4.....

282. Messire Antoine de Ray, baron et seigneur dudit lieu, marié à N... de Viry, reçu en 1511, mort en 1539; quartiers: 1 Ray, 2 Vienne, 3 Goux, 4 Rye.

283. Messire Claude d'Haraucourt, chevalier, seigneur de Chauvirey, reçu en 1511, mort en 1532, portait d'or à la croix de gueules, au franc quartier dextre d'argent, chargé d'un lion de sable; quartiers: 1 Haraucourt, 2 Chaufourg, 3 Ray, 4 Vienne.

284. Messire Clériadus d'Igny, chevalier, seigneur

dudit lieu, Risaucourt, Chemilly, marié à Clauda 1511.
de Clermont, reçu en 1511, mort en 1552;
quartiers : 1 Igny, 2 Inteville, 3 Neufchâtel,
4 Fenestrange.

285. Messire Louis de Lavoncourt, reçu en 1511, mort en 1538; quartiers : 1 Lavoncourt, 2....., 3....., 4.....

286. Messire Charles de Bauffremont, baron et seigneur de Scey-sur-Saône, Sombernon, Clervaux, etc., marié 1.º à Antoinette de Pot, 2.º à Charlotte de Longvy, reçu en 1511, mort en 1513; quartiers : 1 Bauffremont, 2 Vergy, 3 Villersexel, 4 Montaigu.

287. Messire Antoine de Villé, reçu en 1511, mort en 1512; quartiers : 1 Villé, 2....., 3...., 4....

288. Messire Louis de Vercel, reçu en 1512, mort en 1538; quartiers : 1 Vercel, 2....., 3...., 4....

289. Messire Claude de Leugney, seigneur de Douvot, marié à Catherine de Broignon, reçu en 1512, mort en 1514; quartiers : 1 Leugney, 2 Amance, 3 Beaujeu, 4 Saint-Andoche.

290. Messire Pierre de Vaudrey, seigneur de Beveuge, capitaine du château de Richemont, marié 1.ª à Anne de Quingey, 2.º à Lucie de Saint-Mauris-en-Montagne, reçu en 1512, mort en 15..; quartiers : 1 Vaudrey, 2....., 3 Accolans, 4 Chauvirey.

291. Messire Jean d'Amandre, marié à Adrienne du Vernois, reçu en 1512, mort en 1527, portait

d'azur à la fasce d'or; quartiers : 1 Amandre, 2....., 3....., 4.....

292. Messire Jean d'Achey, baron de Thoraise, reçu en 1513, mort en 1545; quartiers : 1 Achey, 2 Thoraise, 3 Vaudrey, 4 Goux.

293. Messire Pierre de Noidans, sire de Noidans, reçu en 1513, mort en 1524; quartiers : 1 Noidans, 2....., 3 Saint-Mauris-en-Montagne, 4 Dufourg.

294. Messire Marc de Cusance, chevalier, seigneur de Saint-Julien, reçu en 1513, mort en 1526; quartiers : 1 Cusance, 2 La Baume-Montrevel, 3 Savoisy, 4 Lugny.

295. Messire Jean de Lambrey, seigneur de Souvent, reçu en 1513, mort en 1536; quartiers : 1 Lambrey, 2 Semoustier, 3 Orsans, 4 Lautenne.

296. Messire Léonard de La Tour-Saint-Quentin, marié à Pernette de Morel, reçu en 1513, mort en 1556, portait d'or à la bande de gueules au franc canton dextre d'azur; quartiers : 1 La Tour-Saint-Quentin, 2 Rozet, 3 Fetigny, 4 Orsans.

297. Messire Claude de Bauffremont, chevalier, baron de Scey-sur-Saône, Sombernon, Clervaux, marié à Anne de Vienne, reçu en 1514, mort en 1537; quartiers : 1 Bauffremont, 2 Villersexel, 3 Longvy, 4 Bauffremont.

298. Messire Guillaume de Champagne, substitué au nom et armes de Vellefaux, seigneur de Velle-

faux, marié à Adrienne d'Arbonnay, reçu en 1515, mort en 1550, écartelait de gueules à la fasce d'argent, à trois rencontres de léopard de même en chef, qui est de Vellefaux; quartiers : 1 Champagne, 2 Maizières, 3 Vellefaux, 4 Igny.

299. Messire Claude de RAY, seigneur dudit lieu, chevalier de l'ordre de l'Annonciade de Savoie, reçu en 1515, mort en 1523; quartiers : 1 Ray, 2 Vienne, 3 Goux, 4 Rye.

300. Messire François de CICON, seigneur de Richecourt, marié à Huguette de Bessey, reçu en 1515, mort en 1523, portait d'or à la fasce de sable; quartiers : 1 Cicon, 2 Blamont, 3 Vergy, 4 Haraucourt.

301. Messire Antoine de LONGVY, seigneur de Rahon, reçu en 1515, mort en 1522, portait de gueules à la bande d'or; quartiers : 1 Longvy, 2 Vienne, 3 Bauffremont, 4 Bourgogne.

302. Messire Thiébaud de FALETANS; reçu en 1515, mort en 1535; quartiers : 1 Faletans, 2 Malpertuis, 3 La Rochelle, 4 Laverpillière.

303. Messire Pierre d'ORSANS, seigneur de Lomont, La Neuvelle, marié à Catherine de Vaudrey, reçu en 1515, mort en 1536; quartiers : 1 Orsans, 2 Dompré, 3 Grandvillars, 4 Haguenbach.

304. Messire Guillaume de MONTJUSTIN, reçu en 1515, mort en 1531; quartiers : 1 Montjustin, 2 Bermont, 3....., 4.....

305. Messire Etienne de GRAMMONT, seigneur de

Gesans, reçu en 1515, mort en 1578; quartiers: 1 Grammont, 2 Grenans, 3 Montmartin, 4 Bouton.

306. Messire Guyot de MANGEROST, reçu en 1515, mort en 1522 : quartiers : 1 Mangerost, 2....., 3....., 4.....

307. Messire Simon d'ARBONNAY, seigneur de Roche, marié à Sébastienne de Montbel, reçu en 1515, mort en 1518, portait d'argent à la fasce de sable; quartiers : 1 Arbonnay, 2 Roche, 3 Angest, 4 Tennare.

308. Messire Mathias de VOISEY, reçu en 1516, mort en 1530; quartiers : 1 Voisey, 2....., 3....., 4.....

309. Messire Florent de VAUDREY, seigneur de Saint-Phal, marié 1.° à Henriette de Grammont, 2.° à Anne de Grammont, reçu en 1518, mort en 1560; quartiers : 1 Vaudrey, 2 Montot, 3 Fay, 4.....

310. Messire François de GRAMMONT, reçu en 1518, mort en 1522; quartiers : 1 Grammont, 2 Arbon, 3 Saint-Aubin, 4 Joux.

311. Messire Antoine DESCHAMPS, reçu en 1518, mort en 1545; quartiers : 1 Deschamps, 2....., 3....., 4.....

312. Messire Louis MOUCHET-CHATEAUROUILLAUD, seigneur d'Avilley et Thieffrans, reçu en 1518, mort en 1545; quartiers : 1 Mouchet, 2 Mont-Martin, 3 La Tour-Saint-Quentin, 4 Morel.

313. Messire Richard de Leugney, seigneur de Douvent, reçu en 1518, mort en 1542; quartiers : 1 Leugney, 2 Amance, 3 Beaujeu, 4 Saint-Andoche.

314. Messire Pierre de Rye, reçu en 1518, mort en 1536; quartiers : 1 Rye, 2 Costebrune, 3 Salins, 4 Montferrant.

315. Messire Etienne de Scey, chevalier, seigneur de Maillot, marié à Bonne Buffet de Gray, colonel d'un régiment au service de Hongrie, reçu en 1518, mort en 1558; quartiers : 1 Scey, 2 Groson, 3 Epenoys, 4 Beureville.

316. Messire Antoine de Bougne, marié à N.... de Thurey, reçu en 1518, mort en 1531; quartiers : 1 Bougne, 2 La Chambre, 3 Saint-Loup, 4.....

317. Messire Claude de Montureux, seigneur de Montureux, baron de Melisey, marié à Marguerite de Saint-Mauris-en-Montagne, reçu en 1518, mort en 1537; quartiers : 1 Montureux, 2 Rougemont, 3 Orsans, 4 Dompré.

318. Messire Thiébaud de Mugnans, seigneur de Mugnans, Laissey, Rosey, Mancenans, Saulx, etc., marié à Claudine d'Amance, reçu en 1518, mort en 1535; quartiers : 1 Mugnans, 2 Grachaux, 3 Cendrecourt, 4 Falerans.

319. Messire Simon de Moustier, seigneur dudit lieu, Bermont, Cubry, Nant, Bonal, etc., marié à Louise de Cornon-de-Gorrevod, reçu en 1518, mort en 1539; quartiers : 1 Moustier, 2 du Térail, 3 Grandvillars, 4 Haguenbach.

320. Messire Jean-Baptiste de Charmoille, reçu en 1518, mort en 1525; quartiers : 1 Charmoille, 2....., 3....., 4.....

321. Messire Jean-Philibert de La Palud, comte de Varax et de la Roche, vicomte de Salins, seigneur de Richemont, lieutenant général pour le duc de Savoie au gouvernement de Bresse, chevalier de l'Annonciade, fut du tournois de Valladolid en 1506, ambassadeur en 1515, au concile de Latran, reçu en 1518, mort en 1529; quartiers : 1 La Palud, 2 Savigny, 3 Polignac, 4 Saluce.

322. Messire Philippe de Lanans, reçu en 1518, mort en 1561; quartiers : 1 Lanans, 2....., 3....., 4.....

323. Messire Baptiste de Vy, seigneur de Mercey et Gevigney, marié à Eve de Bougne, reçu en 1519, mort en 1561; quartiers : 1 Vy, 2 Rougemont, 3 Aubonne, 4.....

324. Messire Jean de Montureux-sur-Saône, reçu en 1519, mort en 1529, portait d'or à la bande d'azur; quartiers : 1 Montureux, 2....., 3....., 4.....

325. Messire Henri de Scey, chevalier, seigneur de Fertans, Mercey, marié 1.° à Catherine de La Palud, 2.° à Anne de Petitepierre, reçu en 1519, mort en 1595; quartiers : 1 Scey, 2 Groson, 3 Lefevre, 4 Louvet.

326. Messire Jean de Moffans, seigneur de Sorans, reçu en 1519, mort en 1536, portait d'argent à

la croix de sable, au pied alaisé et les croisons 1519 échancrés; quartiers : 1 Moffans, 2....., 3....., 4.....

527. Messire Antoine de BLICTERSWICH, reçu en 1519, mort en 1532; quartiers : 1 Blicterswich, 2 Grammont, 3 Trévillers, 4 Soilley.

528. Messire Claude de VERGY, comte de Champlitte, gouverneur du comté de Bourgogne, chevalier de la Toison-d'Or, marié à Hélène de Gruère, reçu en 1520, mort en 1559; quartiers : 1 Vergy, 2 Miolans, 3 Rochechouard, 4 Amboise.

529. Messire Guillaume de VERGY, seigneur d'Autrey, gentilhomme de l'empereur Charles-Quint, marié à Marie de Bourgogne, fille naturelle de Baudouin bâtard de Bourgogne, reçu en 1520, mort en 1530; quartiers : 1 Vergy, 2 Miolans, 3 Rochechouard, 4 Amboise.

530. Messire Guillaume de BRUNECOFF, marié à Marguerite de Mailleroncourt, reçu en 1520, mort en 1557, portait d'argent à une pointe d'émanchure de gueules mouvante de la pointe de l'écu; quartiers : 1 Brunecoff, 2....., 3....., 4.....

531. Messire Christophe de LONGVY, seigneur de Longepierre, marié à Anne de Neufchâtel, reçu en 1520, mort en 1526; quartiers : 1 Longvy, 2 Vienne, 3 Bauffremont, 4 Bourgogne.

532. Messire Etienne de LEUGNEY, seigneur du château-fort de Leugney, Orsans, marié à Louise de

Clairon, reçu en 1520, mort en 1522; quartiers : 1 Leugney, 2 Amance, 3 Beaujeu, 4 Saint-Andoche.

333. Messire Jean de Pierrefontaine, reçu en 1521, mort en 1557; quartiers : 1 Pierrefontaine, 2 Moffans, 3 Rougemont, 4 Saint-Agnès.

334. Messire Antoine de Vergy, archevêque de Besançon, prince du Saint-Empire romain, reçu en 1521, mort en 1541; quartiers : 1 Vergy, 2 Miolans, 3 Rochechouard, 4 Amboise.

335. Messire Claude de Scey, chevalier, seigneur de Buthier, marié 1.º à Anne de Quingey, 2.º à Marguerite de Chauvirey, 3.º à Adrienne d'Andelot, reçu en 1521, mort en 1574; quartiers : 1 Scey, 2 Groson, 3 Epenoys, 4 Beureville.

336. Messire Guillaume de Remilly, reçu en 1521, mort en 1541, portait d'azur à la fasce d'or, trois pointes aussi de même en chef, et une rose d'argent en pointe; quartiers : 1 Remilly, 2....., 3....., 4.....

337. Messire Jean de Sagey, marié à N.... d'Aros, reçu en 1521, mort en 1545, portait d'azur à la croix ancrée d'or; quartiers : 1 Sagey, 2 Romain, 3 Maizières, 4.....

338. Messire Claude de Mangerost, reçu en 1522, mort en 1531; quartiers : 1 Mangerost, 2....., 3....., 4.....

339. Messire Jean de Tavanne, reçu en 1522, mort en 1549, portait d'azur au coq d'or crêté de

8

gueules; quartiers : 1 Tavanne, 2....., 3....., 4.....   1525

340. Messire Léonard de Séroz, reçu en 1522, mort en 1559, portait de gueules à la croix ancrée d'argent; quartiers : 1 Séroz, 2....., 3....., 4.....

341. Messire Henri de Chantrans, reçu en 1522, mort en 1548, portait de gueules à trois chevrons d'argent; quartiers : 1 Chantrans, 2 Bouclans, 3 Vy, 4 Rougemont.

342. Messire Charles d'Achey, baron de Thoraise, écuyer de l'empereur Charles-Quint, qu'il accompagna en Espagne en 1521, soutint un pas d'armes contre Jacques de Lallain; reçu en 1522, mort en 1523; quartiers : 1 Achey, 2 Thoraise, 3 Vaudrey, 4 Goux.

343. Messire Philippe de Sagey, seigneur de Romain, Bretigney, Silley, reçu en 1522, mort en 1532; quartiers : 1 Sagey, 2 Maizières, 3 Plainoisel, 4.....

344. Messire François d'Haraucourt, reçu en 1523, mort en 1542; quartiers : 1 Haraucourt, 2....., 3....., 4.....

345. Messire Léonard de Présentevillers, reçu en 1523, mort en 1530, portait chevronné d'or et de gueules de six pièces; quartiers : 1 Présentevillers, 2....., 3....., 4.....

346. Messire Pierre de Mont-Saint-Ligier, seigneur dudit lieu, Levrecey, Brotte, Charantenay, marié

à Marguerite de Velleguindry, reçu en 1523, mort en 1540; quartiers : 1 Mont-Saint-Ligier, 2 Gevigney, 3 Saint-Mauris-en-Montagne, 4 Bougne.

347. Messire Thiébaud de VILLERS, reçu en 1524, mort en 1525; quartiers : 1 Villers, 2....., 3....., 4.....

348. Messire Jean d'ARGUEL, marié à Marguerite de Clugny, reçu en 1524, mort en 1525; quartiers : 1 Arguel, 2....., 3....., 4.....

349. Messire Marc de SAINT-MAURIS-en-Montagne, seigneur des châteaux-forts de Bustal, Allanjoye, et à Saint-Mauris-en-Montagne et Mathay, lieutenant commandant d'un corps d'élite choisi pour la garde de l'empereur, marié 1.° à Philiberte de Séroz, 2.° à Pierrette de Clairou, reçu en 1524, mort en 1552; quartiers : 1 Saint-Mauris, 2 Bustal, 3 Orsans, 4 Vellefaux.

350. Messire Waulf-Thierry de FERRETTE, reçu en 1524, mort en 1547, portait de sable au lion d'argent, armé et couronné d'or; quartiers : 1 Ferrette, 2....., 3....., 4.....

351. Messire Claude de VIENNE, seigneur de Clervent, chambellan de l'empereur Charles-Quint, marié à Claudine du Châtelet, reçu en 1525, mort en 1540; quartiers : 1 Vienne, 2 Cusance, 3 La Guiche, 4 Jaucourt.

352. Messire Guyot de MONTUREUX, gouverneur de Montjustin, marié à Antoinette de Grammont,

reçu en 1525, mort en 1553; quartiers : 1 Montureux, 2 Rougemont, 3 Orsans, 4 Dompré.

353. Messire Gerard sire d'Aroz, seigneur de Franquemont, Accolans, marié à Louise de Jouffroy, reçu en 1525, mort en 1571, portait de sable à la bande d'argent, chargée de trois mollettes d'éperons de gueules; quartiers : 1 Aroz, 2 Mandre, 3 Franquemont, 4 Accolans.

354. Messire Sébastien de Lantenne, reçu en 1525, mort en 1529; quartiers : 1 Lantenne, 2....., 3....., 4.....

355. Messire Guyot de Vaudrey, écuyer panetier de l'empereur Charles-Quint, fut d'un tournois en 1506, marié à Guillemette d'Estavayer, reçu en 1525, mort en 1559; quartiers : 1 Vaudrey, 2 Quingey, 3 Montbozon, 4 ....

356. Messire Claude de Cicon, chevalier, seigneur dudit lieu, Bourguignon, etc., page de Charles-Quint, chevalier d'honneur au parlement de Dole, marié 1.° à Anne de Champdivers, 2.° à Jeanne de Poitier, reçu en 1525, mort en 1530; quartiers : 1 Cicon, 2 Villersexel, 3 Inteville, 4 La Baume-Montrevel.

357. Messire Hugues de Saint-Mauris-en-Montagne, seigneur dudit lieu, Cour, Sancey, Fleurey, marié à Claudine de Mugnans, armé chevalier par Charles-Quint après la bataille de Pavie pour ses faits d'armes, capitaine et gouverneur du comté de la Roche et de la Franche-Montagne,

villes et châteaux en dépendans, reçu en 1525, mort en 1604; quartiers : 1 Saint-Mauris, 2 Blandans, 3 Rougemont, 4 Saint-Agnès.

358. Messire Jean de Saint-Mauris-en-Montagne, reçu en 1525, mort en.....; quartiers : 1 Saint-Mauris, 2 Blandans, 3 Rougemont, 4 Saint-Agnès.

359. Messire Jean de Scey, seigneur du Larderet, capitaine de deux cents chevaux, marié 1.° à Isabeau d'Achey, 2.° à Catherine d'Epenoys, reçu en 1526, mort en 1529; quartiers : 1 Scey, 2......, 3 Groson, 4 Soilley.

360. Messire Nicolas de Montmartin, baron dudit lieu, marié à Claudine de Cicon, reçu en 1526, mort en 1550; quartiers : 1 Montmartin, 2 Bouton, 3 Cusance, 4 Savoisy.

561. Messire Claude de Leugney, reçu en 1526, mort en 1555; quartiers : 1 Leugney, 2 Beaujeu, 3 Clairon, 4 Dompré.

362. Messire Georges de Voisey, reçu en 1526, mort en 1532; quartiers : 1 Voisey, 2....., 3...., 4.....

363. Messire Simon de Vaudrey, seigneur de Mont, marié à N.... de Montbozon, reçu en 1526, mort en 1535; quartiers : 1 Vaudrey, 2......, 3 Quingey, 4......

364. Messire Jean de La Touvière, seigneur de Servigna, Beauregard, Escrillé, etc., reçu en 1527, mort en 1532, portait d'argent au griffon coupé

d'or et de sable, armé et lampassé de gueules ; 1527. quartiers : 1 La Touvière, 2 Carnon, 3 Langès, 4 Malaval.

365. Messire Thiébaud de Saint-Mauris-en-Montagne, seigneur des châteaux-forts de Mathay, Bermont, Roye, capitaine et gouverneur de Neufchâtel et de Lisle, marié à Claudine de Colombier, reçu en 1527, mort en 1562; quartiers : 1 Saint-Mauris, 2 Bougne, 3 Grammont, 4 Vellefaux.

366. Messire Nicolas de Cicon, seigneur de Rançonnières, marié à Marguerite de Champdivers, reçu en 1527, mort en 1536; quartiers : 1 Cicon, 2 Villersexel, 3 Inteville, 4 La Baume-Montrevel.

367. Messire Pierre de Blicterswich, marié à Barbe de La Jonchère, reçu en 1527, mort en 1562; quartiers : 1 Blicterswich, 2 Grammont, 3 Trévillers, 4 Soilley.

368. Messire Gaspard d'Azuel, reçu en 1527, mort en 1539; quartiers : 1 Azuel, 2....., 3....., 4....

369. Messire Jean de Gorrevod, chevalier, comte de Pontdevaux, vicomte de Salins, baron de Marnay, Gorrevod, etc., seigneur de St.-Julien, Belmont, chambellan de l'empereur Charles-Quint, reçu en 1527, mort en 1545, portait d'azur au chevron d'or; quartiers : 1 Gorrevod, 2....., 3 Montréal, 4 Pontailler.

370. Messire Alexandre de Chilley, reçu en 1528, mort en 1539, portait d'or à la fasce de gueules; quartiers : 1 Chilley, 2....., 3....., 4.....

371. Messire Georges de Maisonveaux, abbé de Lure et de Mürbach, prince du Saint-Empire romain, reçu en 1528, mort en 1542, portait de gueules à deux lions passant d'or, couronnés de même; quartiers : 1 Maisonveaux, 2....., 3....., 4.....

372. Messire Hugues de Beaujeu, seigneur de Veneres, chevalier de Malte, marié à Guillemette de Lavoncourt, reçu en 1528, mort en 1541; quartiers : 1 Beaujeu, 2....., 3....., 4.....

373. Messire Claude de Vaudrey, seigneur de Beveuge, marié à Marguerite de Gruffy, reçu en 1528, mort en 1559; quartiers : 1 Vaudrey, 2 Accolans, 3 Quingey, 4.....

374. Messire Henri de Pierrefontaine, marié à Georgine d'Orsans, reçu en 1528, mort en 1561; quartiers : 1 Pierrefontaine, 2 Moffans, 3 Rougemont, 4 Saint-Agnès.

375. Messire Pierre de Petitepierre, reçu en 1528, mort en 1541; quartiers : 1 Petitepierre, 2....., 3....., 4.....

376. Messire Pierre de Tencey, reçu en 1529, mort en 1550, portait de.....; quartiers : 1 Tencey, 2....., 3....., 4.....

377. Messire Jean de Séroz, seigneur dudit lieu, baron de Choye, marié à Adrienne d'Andelot, reçu en 1529, mort en 1539; quartiers : 1 Séroz, 2....., 3 Luirieux, 4.....

378. Messire Jean de Saint-Martin, seigneur de Saint-Martin, reçu en 1530, mort en 1548;

quartiers : 1 Saint-Martin, 2 Saint-Mauris-en-Montagne, 3 Montureux, 4.....

1530.

379. Messire Vaubert de Raincour, seigneur dudit lieu, Betaucourt, Blondefontaine, etc., marié à Jeanne de Roncevaux, reçu en 1530, mort en 1542, portait de gueules à la croix d'or, cantonnée de dix-huit billettes de même, dix en chef et huit en pointe; quartiers : 1 Raincour, 2 Jussey, 3 Bougne, 4.....

380. Messire Guillaume de Citey, reçu en 1530; mort en 1560; quartiers : 1 Citey, 2....., 3....., 4.....

381. Messire Jean de La Palud, seigneur de Jarnosse, Bernage, reçu en 1530, mort en 1543; quartiers : 1 La Palud, 2 Maréchal-Meximieux, 3 Gelan, 4 La Tournelle.

382. Messire Claude de Présentevillers, reçu en 1530, mort en 1532; quartiers: 1 Présentevillers, 2....., 3....., 4.....

383. Messire Jean de Moustier, seigneur à Moustier, Haute-Pierre, Bermont, Nant, Cubry, marié à Marguerite de Saint-Mauris-en-Montagne, veuve d'Antoine de Leugney, reçu en 1531, mort en 1540; quartiers : 1 Moustier, 2 du Terrail, 3 Granvillars, 4 Haguenbach.

384. Messire Guillaume Le Bœuf, seigneur de Guyonvelle, Rimaulcourt, et à Lisle, reçu en 1531, mort la même année; quartiers : 1 Le Bœuf, 2 Trévillers, 3 Saint-Mauris-en-Montagne, 4 Bustal.

385. Messire Aimé de Balay, baron de Longvy, seigneur de Lavan, Marigna, marié 1.º à N....., 2.ᵉ à Anne de Saulx, reçu en 1531, mort en 1570; quartiers : 1 Balay, 2 Chintrey, 3 Bazans, 4 Coutier.

586. Messire Claude d'Oiselet, baron de Frasne, reçu en 1531, mort en 1547; portait de gueules à la bande vivrée d'or; quartiers : 1 Oiselet, 2 Cluny, 3 Oiselet, 4 Vergy.

587. Messire Claude de Coublans, seigneur de Charantenay, reçu en 1531, mort en 1541, portait d'argent au chevron d'azur; quartiers : 1 Coublans, 2 Ruffey, 3 Montclef, 4 Saquenay.

388. Messire Jean de La Baume, comte de Montrevel, vicomte de Ligny, seigneur de Pesmes, chevalier de l'ordre du roi, et son panetier ordinaire, capitaine de cent hommes d'armes, gouverneur et lieutenant général pour S. M. en Savoie et Bresse, reçu en 1531, mort en 1560; quartiers : 1 La Baume, 2 Longvy, 3 La Baume, 4 Neufchâtel.

389. Messire Bernard de Grammont, seigneur de Vesel, marié à Marguerite d'Achey; quartiers : 1 Grammont, 2 Arguel, 3 Amange, 4 Usie.

590. Messire Jean de Cicon, seigneur de Cicon, Demangevelle, écuyer de Philippe II, puis gentilhomme de la bouche, marié à Clauda de Blamont, reçu en 1531, mort en 1540; quartiers : 1 Cicon, 2 Villersexel, 3 Haraucourt, 4 Chaufourg.

391. Messire Jean de Mont-Saint-Ligier, marié à Catherine de Mont-Saint-Ligier, reçu en 1531, mort en 1541; quartiers : 1 Mont-Saint-Ligier, 2 Gevigney, 3 Montureux, 4 Montot. — 1531

392. Messire Pierre de Raincour, seigneur de Falon, marié à Alix de Franquemont, reçu en 1531, mort en 1546; quartiers : 1 Raincour, 2 Faimbe, 3 Saint-Martin, 4.....

393. Messire Jean de Saquenay, reçu en 1531, mort en 1545, portait de gueules au lion d'argent; quartiers : 1 Saquenay, 2....., 3....., 4.....

394. Messire François d'Arbois, seigneur de Morvillers, conseiller et chambellan de Ferdinand roi des Romains, reçu en 1532, mort en 1559, portait d'azur à la bande d'or, accompagnée de deux béliers de même; quartiers : 1 Arbois, 2....., 3....., 4.....

395. Messire George d'Orsans, seigneur d'Ainans, Mont, le Vernois, marié à Eve de Bougne, reçu en 1532, mort en 1549; quartiers : 1 Orsans, 2 Dompré, 3 Achey, 4 Vaudrey.

396. Messire Pierre de Montrichard, seigneur de Nant, Peintre, Flammerans, marié à N.... de Lantenne, reçu en 1532, mort la même année; quartiers : 1 Montrichard, 2 Flammerans, 3 Scey, 4 Petitepierre.

397. Messire Jean d'Orsans, seigneur d'Orsans, maréchal héréditaire, marié à Marie d'Aischtat, reçu en 1532, mort en 1549; quartiers : 1 Orsans, 2 Dompré, 3 Chauvirey, 4 Colombier.

398. Messire Jean de Falerans, reçu en 1532, mort en 1556; quartiers : 1 Falerans, 2 Salins-Vincelle, 3 Villers, 4.....

399. Jean de Faletans, seigneur de Faletans, etc., chef du conseil de l'archiduchesse Marguerite, marié à Marguerite de Villette, reçu en 1532, mort en.....; quartiers : 1 Faletans, 2 Bonvalot, 3 Gilley, 4 Nozeroy.

400. Messire Jean de Laviron, reçu en 1532, mort en 1570, portait d'or à la fasce d'azur; quartiers : 1 Laviron, 2....., 3....., 4.....

401. Messire Jean de Grammont, seigneur de Nomay, Vy-les-Lure, Accolans, marié en 1530 à Françoise des Potots, dame de Miserey, reçu en 1532, mort en 1562; quartiers : 1 Grammont, 2 Grenans, 3 Saulx, 4 Grachaux.

402. Messire Claude du Tartre, reçu en 1532, mort en 1567, portait d'azur à deux bars adossés d'argent, cantonnés de quatre croisettes de même; quartiers : 1 du Tartre, 2 Chissey-Varanges, 3 La Molière, 4 Compey.

403. Messire Charles de Blicterswich, seigneur de La Roche, Melisey, marié à Laurence de Montureux, reçu en 1534, mort en 1560; quartiers : 1 Blicterswich, 2 Trévillers, 3 Beaumotte, 4.....

404. Messire Claude de Fouchiers, reçu en 1534, mort en 1541, portait d'azur à la fasce d'argent à trois étoiles de même mises en chef; quartiers : 1 Fouchiers, 2....., 3....., 4.....

405. Messire Jean de Roppe, reçu en 1334, mort 1534. en 1540, portait d'azur à trois bandes lozangées d'or et de gueules; quartiers : 1 Roppe, 2....., 3....., 4.....

406. Messire Etienne de Lambrey, reçu en 1536, mort en 1542; quartiers : 1 Lambrey, 2 Semoustier, 3 Orsans, 4 Lantenne.

407. Messire Léonard d'Amance, reçu en 1536, mort en 1561; quartiers : 1 Amance, 2....., 3....., 4.....

408. Messire Guillaume de Moffans, reçu en 1536, mort en 1557; quartiers : 1 Moffans, 2....., 3....., 4.....

409. Messire George de Franquemont, marié à Marguerite de Lavoncourt, reçu en 1537, mort en 1562; quartiers : 1 Franquemont, 2 Arbonnay, 3 Grachaux, 4.....

410. Messire Louis de Byans, seigneur de Magny-les-Jussey, reçu en 1537, mort en 1553, portait de gueules au sautoir d'or, cantonné de douze billettes de même; quartiers : 1 Byans, 2....., 3 La Jonchière, 4 Valdahon.

411. Messire Claude Le Blanc, reçu en 1537, mort en 1564, portait de gueules au chevron d'or, un lion d'azur sur le tout; quartiers : 1 Le Blanc, 2....., 3....., 4.....

412. Messire Pierre de Sagey, seigneur de Romain, Pierrefontaine, reçu en 1538, mort en 1542; quartiers : 1 Sagey, 2 Plainoisel, 3 Villers, 4.....

538. 413. Messire Jean de La Palud, comte de Varax et de La Roche, seigneur de Varambon, Jarnosse, chevalier de l'ordre de l'Annonciade, reçu en 1538, mort en 1544; quartiers : 1 La Palud, 2 Gélan, 3 Vitry, 4....

414. Messire Jean d'Achey, baron de Thoraise, seigneur d'Avilley, conseiller et gentilhomme de la bouche de l'empereur Charles V, grand bailli d'Amont, gouverneur de Dole, chevalier d'honneur au Parlement, marié à Marguerite Perrenot, reçu en 1539, mort en 1570; quartiers : 1 Achey, 2 Vaudrey, 3 Mouchet, 4 Courtelery.

415. Messire Guillaume de Jaquelain, reçu en 1539, mort en 1552; quartiers : 1 Jaquelain, 2....., 3....., 4.....

416. Messire Marc de Beaujeu, marié à Jeanne de Scey, reçu en 1540, mort en 1561; quartiers : 1 Beaujeu, 2....., 3 Lavoncourt, 4.....

417. Messire Jean de Grammont, seigneur de Falon, Bougey, Conflandey, capitaine de cent lances, marié à Adrienne d'Achey, reçu en 1540, mort en 1562; quartiers : 1 Grammont, 2 Saint-Aubin, 3 Fetigny, 4 Corsans.

418. Messire Claude de Clairon, seigneur dudit lieu, marié à Anne de Grammont, reçu en 1541, mort en 1547; quartiers : 1 Clairon, 2 Dompré, 3 Saigny, 4 Choiseul.

419. Messire Jean de Grachaux, reçu en 1542, mort en 1562; quartiers : 1 Grachaux, 2 Savoisy, 3 Manceville, 4.....

420. Messire Antoine d'Aubonne, seigneur de Buffi- 1549 gnécourt, Contréglise, Purgerot, marié à Jeanne de Leugney, reçu en 1542, mort en 1586, portait d'azur au chevron d'argent, accompagné de deux étoiles en chef, et d'un croissant de même en pointe; quartiers : 1 Aubonne, 2 La Jonchère, 3 Vy, 4 Gevigney.

421. Messire Jean d'Aubonne, reçu en 1542, mort en 1572; quartiers : 1 Aubonne, 2 La Jonchère, 3 Vy, 4 Gevigney.

422. Messire Jean de Vaudrey, seigneur de Beveuge, marié à Guillemette d'Anjoux, reçu en 1542, mort en 1577; quartiers : 1 Vaudrey, 2 Accolans, 3 Saint-Mauris-en-Montagne, 4 Mugnans.

423. Messire Claude de Fouchiers, reçu en 1542, mort la même année; quartiers : 1 Fouchiers, 2....., 3 Duvernois, 4.....

424. Messire Jean-Rodolphe de Steure, abbé de Lure et Mürbach, prince du Saint-Empire romain, reçu en 1543, mort en 1570, portait de...; quartiers : 1 Steure, 2....., 3....., 4.....

425. Messire Henri de Pontailler, seigneur de Flagey, Montferrand, Pusey, Pusy, gentilhomme de la chambre de l'empereur Charles V, marié à Antoinette de Vergy, reçu en 1543, mort en 1547, portait de gueules au lion d'or couronné de même, armé et lampassé d'azur; quartiers : 1 Pontailler, 2 Vergy, 3 Hornes, 4 Lannoy.

426. Messire Anatoile de Vy, seigneur de Vy, Fresse,

Bourbévelle, marié à Henriette de Saint-Mauris-en-Montagne, reçu en 1543, mort en 1545; quartiers : 1 Vy, 2 Villars, 3 Beaumotte, 4.....

427. Messire François de Gevigney, reçu en 1543, mort en 1544; quartiers : 1 Gevigney, 2....., 3....., 4.....

428. Messire Hugues de Présentevillers, reçu en 1543, mort en 1552; quartiers : 1 Présentevillers, 2....., 3....., 4.....

429. Messire François de Bressey, reçu en 1543, mort en 1556; quartiers : 1 Bressey, 2....., 3 Aubonne, 4 Menoux.

430. Messire Jean de Vesoul, seigneur de Frotey, Arpenans, Epenoux, marié à Jeanne du Basin, reçu en 1544, mort en 1546; quartiers : 1 Vesoul, 2 Salins, 3 Falerans, 4 Vautravers.

431. Messire Guillaume de Vienne, baron de Chevraux, chevalier de la Toison-d'Or, marié à Chrétienne de Vergy, reçu en 1544, mort en 1548; quartiers : 1 Vienne, 2 Neufchâtel, 3 Stainville; 4.....

432. Messire Guillaume de Clermont, reçu en 1544, mort en 1554, portait d'azur à trois chevrons d'or; quartiers : 1 Clermont, 2....., 3....., 4....

433. Messire Marc de Rye, seigneur de Dicey, chevalier de la Toison-d'Or, gouverneur d'Artois, marié à Jeanne de Longvy, reçu en 1544, mort en 1562; quartiers : 1 Rye, 2 Rupt, 3 La Baume-Montrevel, 4 Longvy.

434. Messire Claude de PLAINE, baron de Courcelotte, conseiller du roi, son gruyer de Bourgogne, reçu en 1544, mort en 1558, portait de gueules à la fasce d'argent à trois grelots de même en chef; quartiers : 1 Plaine, 2 Le Gros, 3 Ray, 4 Goux.

435. Messire Thomas de PLAINE, seigneur du Magny, Saix, Gouhenans, reçu en 1544, mort en 1592; quartiers : 1 Plaine, 2 Le Gros, 3 Ray, 4 Goux.

436. Messire Humbert d'HARAUCOURT, reçu en 1544, mort en 1562; quartiers : 1 Haraucourt, 2....., 3 Ray, 4 Vienne.

437. Messire Claude de RAY, baron et seigneur dudit lieu, Vauvillers, marié à Anne de Vaudrey, reçu en 1544, mort en 1575; quartiers : 1 Ray, 2 Goux, 3 Viry, 4 Menton.

438. Messire André de VILLÉ, reçu en 1544, mort la même année; quartiers : 1 Villé, 2....., 3....., 4.....

439. Messire Jean de VILLENEUVE, reçu en 1544, mort en 1571, portait de sable à cinq besans d'argent mis en sautoir; quartiers : 1 Villeneuve, 2....., 3 Maizières, 4.....

440. Messire Pierre d'OCCORS, reçu en 1544, mort en 1573; quartiers : 1 Occors, 2....., 3....., 4.....

441. Messire Richard de MANDRE, reçu en 1544, mort en 1554, portait d'azur à la bande d'or, accompagnée de sept billettes de même; quartiers : 1 Mandre, 2....., 3....., 4.....

442. Messire Guillaume de Mandre, reçu en 1545, mort en 1560; quartiers : 1 Mandre, 2....., 3....., 4.....

443. Messire Claude de Cusance, baron de Belvoir et Saint-Julien, marié 1.° à Philiberte de Lugny, 2.° à Jeanne de Breville, reçu en 1545; mort en 1560; quartiers : 1 Cusance, 2 Savoisy, 3 Châteauvillain, 4 Colombier.

444. Messire Nicolas du Chatelet, souverain seigneur de Vauvillers, etc., gentilhomme de la chambre du Roi, lieutenant de cent hommes d'armes et de ses ordonnances, marié à Elisabeth d'Haraucourt, tué à la bataille de Dreux en 1562, reçu en 1545, portait d'or à la bande de gueules, chargée de trois fleurs de lis d'argent; quartiers : 1 du Châtelet, 2 Cicon, 3 Lenoncour, 4 Ville.

445. Messire Jean de Villé, reçu en 1545, mort en 1552; quartiers : 1 Villé, 2....., 3....., 4.....

446. Messire Jean de Grammont le jeune, seigneur de Chatillon, Roche, marié à Anne de Plaine, reçu en 1546, mort en 1568; quartiers : 1 Grammont, 2 Saint-Aubin, 3 Fretigny, 4 Coursans.

447. Messire Guillaume de Montureux, reçu en 1546, mort en 1550; quartiers : 1 Montureux, 2....., 3....., 4.....

448. Messire Jean d'Andelot, baron de Jonvelle, seigneur de Mion, premier écuyer de l'empereur Charles V, commandeur de l'ordre d'Alcantara, qui combattit longtemps à Pavie contre François

I.er, qui le blessa grièvement à la joue, marié 1546
1.° à Philippotte de Houe en Hainaut, 2.° à Guillemette d'Igny, reçu en 1546, mort en 1549;
quartiers : 1 Andelot, 2 Mion, 3 Cornon, 4.....

449. Messire Guillaume d'ANDELOT, seigneur de Tromarey, maître des requêtes de l'empereur Charles V, marié à Antonia de Coyenghen, reçu en 1546, mort en 1559; quartiers : 1 Andelot, 2 Mion, 3 Ferrière, 4 Rye.

450. Messire Charles de FRIANT, reçu en 1546, mort en 1547; quartiers : 1 Friant, 2....., 3....., 4.....

451. Messire Jean de BOUGNE, (substitué au nom et armes de Thurey), seigneur de Naisey, Maley, Thurey, marié à Anne de Villey, reçu en 1546, mort en 1574, portait de Bougne, écartelé de Thurey, d'argent à un rose de gueules au chef chargé de trois pals de gueules; quartiers : 1 Bougne, 2 Saint-Loup, 3 Thurey, 4.....

452. Messire Pierre d'ORSANS, seigneur de Lomont, La Neuvelle, marié à Jeanne d'Haraucourt, reçu en 1546, mort en 1570; quartiers : 1 Orsans, 2 Grandvillars, 3 Vaudrey, 4 Loisy.

453. Messire Martin de SACQUENAY, reçu en 1546, mort en 1571; quartiers : 1 Sacquenay, 2....., 3....., 4.....

454. Messire Philippe DESCHAMPS, reçu en 1546, mort en 1572, brisait ses armes d'un croissant d'argent mis en chef; quartiers : 1 Deschamps, 2....., 3....., 4.....

546. 455. Messire François de VIRY, prieur de Morteau, reçu en 1546, mort en 1569, portait palé d'argent et d'azur de six pièces; quartiers : 1 Viry, 2 Montchenu, 3 Menthon, 4 Chalan.

456. Messire Jacques de VOISEY, reçu en 1546, mort en 1559; quartiers : 1 Voisey, 2....., 3....., 4.....

457. Messire George d'AZUEL, reçu en 1547, mort en 1566; quartiers : 1 Azuel, 2....., 3....., 4.....

458. Messire Mathieu de COUBLANS, reçu en 1547, mort en 1551; quartiers : 1 Coublans, 2 Montclef, 3 Pointe, 4 Gevigney.

459. Messire Claude de MONTFORT dit de Taillant, marié à Jeanne de Mont-Saint-Ligier, reçu en 1547, mort en 1554, portait d'argent à trois rustres de sable, remplis d'or; quartiers : 1 Taillant, 2 Saint-Martin-de-Malpas, 3 Montfort, 4.....

460. Messire Adrien de GRAMMONT, (substitué au nom et armes de Joux), seigneur de Vellefaux, Châteauvillain et Joux, marié à Clauda de Pontailler, reçu en 1547, mort en 1559, portait de Grammont, écartelé de Joux, qui était d'or fretté d'azur; quartiers : 1 Grammont, 2 Vellefaux, 3 Joux, 4 Cicon.

461. Messire Claude de BEAUJEU, seigneur de Montot, Beaujeu, Chaseuil, marié à Marie des Ulmes, reçu en 1547, mort en 1568; quartiers : 1 Beaujeu, 2 Mont-Saint-Ligier, 3 Saint-Mauris-en-Montagne, 4 Orsans.

462. Messire Pierre de CULZ le vieux, reçu en 1547, mort en 1571, portait de gueules à quatre pals d'argent; quartiers : 1 Culz, 2....., 3....., 4.....   1547.

463. Messire Pierre de CULZ le jeune, reçu en 1547, mort en 1586; quartiers : 1 Culz, 2....., 3....., 4.....

464. Messire Clériadus de MONT-SAINT-LIGIER, seigneur dudit lieu, Velleguindry, Levrecey, Charantenay, Brotte, marié à Nicole de Bougne, reçu en 1547, mort en 1563; quartiers : 1 Mont-Saint-Ligier, 2 Saint-Mauris-en-Montagne, 3 Montfort, 4.....

465. Messire Antoine d'OISELET, baron de La Villeneuve, seigneur de Frasne-le-Châtel, chevalier d'honneur au Parlement de Dole, colonel d'Amont, marié à Benigne de Pontailler, reçu en 1547, mort en 1576; quartiers : 1 Oiselet, 2 Raulin, 3 Damas, 4 Saulx.

466. Messire Simon de MELIGNY, seigneur de Dampierre, Thil, Cotebrune, marié à Mancie de Lallemand, reçu en 1547, mort en 1567; quartiers : 1 Meligny, 2 Montureux, 3 Quingey, 4.....

467. Messire Claude d'OISELET, baron et seigneur dudit lieu, Montarlot, marié à Huguette de Damas, reçu en 1548, mort en 1576; quartiers : 1 Oiselet, 2 Oiselet, 3 Oiselet, 4 Ternans.

468. Messire Jean de QUEUVE, reçu en 1548, mort en 1577; quartiers : 1 Queuve, 2....., 3....., 4.....

469. Messire Josse d'Azuel, reçu en 1548, mort en 1577; quartiers : 1 Azuel, 2....., 3....., 4.....
470. Messire Antoine de Laubespin, marié à Marguerite Perrenot, reçu en 1549, mort en 1558, portait d'azur au sautoir d'or, cantonné de quatre billettes de même; quartiers : 1 Laubespin, 2....., 3 Vaudrey, 4.....
471. Messire Jean de Nance, reçu en 1549, mort en 1573, portait d'argent au chef de gueules à la bande d'azur sur le tout; quartiers : 1 Nance, 2....., 3....., 4.....
472. Messire Simon de Chantrans, reçu en 1549, mort en 1554; quartiers : 1 Chantrans, 2 Vy, 3 Citey, 4 Beaujeu.
473. Messire Antoine de Grammont, seigneur de Melisey, Grenans, reçu en 1549, mort en 1554; quartiers : 1 Grammont, 2 Grenans, 3 Montmartin, 4 Bouton.
474. Messire Claude de Courbessaint, seigneur de Saulcy, Saint-Germain, Coravillers, marié à Isabelle d'Aubonne, reçu en 1549, mort en 1558; quartiers : 1 Courbessaint, 2....., 3 Grachaux, 4 La Rochette.
475. Messire Jean de Syvria, marié à Jeanne de Beaupont, reçu en 1550, mort en 1563, portait de gueules à la fleur de lis d'or, mise en pal; quartiers : 1 Syvria, 2....., 3....., 4.....
476. Messire Jean du Tartre, abbé des Trois-Rois, reçu en 1550, mort en 1558; quartiers : 1 du Tartre, 2 La Molière, 3 Merceret, 4 Pillot.

477. Messire Guillaume de Meligny, sire et baron de Dampierre et de Thil en Champagne, marié à Anne de Saint-Mauris-en-Montagne, laquelle épousa en secondes noces Simon baron de Grammont, reçu en 1550, mort en 1556; quartiers : 1 Meligny, 2 Montureux, 3 Quingey, 4...... 1550

478. Messire Philibert Deschamps, seigneur de Montramberg, reçu en 1551, mort en 1589; quartiers : 1 Deschamps, 2...... , 3...... , 4......

479. Messire François Bonvalot, chanoine, grand trésorier de la métropole de Besançon, abbé de Saint-Vincent de Luxeuil, élu à l'archevêché de Besançon, ambassadeur de l'empereur Charles V à Rome et en France, reçu en 1551, mort en 1560; portait d'argent à trois jumelles de gueules; quartiers : 1 Bonvalot, 2 Thiadot, 3 Merceret, 4 Le Blanc.

480. Messire Thomas Perrenot de Grandvelle, chevalier de l'ordre d'Alcantara, commandeur de Calaméa, seigneur de Chantonnay, Maiche, Auricourt, Grandvelle, comte de Cantecroix, ambassadeur d'Espagne à Vienne, en France et en Angleterre, chambellan et sommelier de l'empereur Maximilien II, reçu en 1551, mort en 1570, portait d'argent à trois bandes de sable au chef de l'empire, (son écu suspendu à l'église des Carmes ne portait pas de quartiers, pour prouver sans doute qu'il avait été reçu sans preuve et uniquement par son haut crédit); quartiers : 1

Perrenot, 2 Philibert, 3 Bonvalot, 4 Merceret.
481. Messire Nicolas de Présentevillers, reçu en 1551, mort en 1553; quartiers : 1 Présentevillers, 2....., 3....., 4.....
482. Messire Pierre de Sacquenay, reçu en 1551, mort en 1571; quartiers : 1 Sacquenay, 2....., 3....., 4.....
483. Messire Claude de Bressey, reçu en 1551; mort en 1555; quartiers : 1 Bressey, 2....., 3....., 4.....
484. Messire Guyon Mouchet, seigneur de Château-rouillaud, Savigny, lieutenant général des sauneries, etc., marié à Etiennette Perrenot, reçu en 1552, mort en 1556; quartiers : 1 Mouchet, 2 Grammont, 3 Rigney, 4 La Faye.
485. Messire Humbert de Peloux, fut d'un tournois près de Bruxelles en 1548, reçu en 1552, mort en 1553, portait d'azur au sautoir engrêlé d'argent; quartiers : 1 Peloux, 2....., 3....., 4.....
486. Messire Jacques de Montureux, baron et seigneur de Melisey, marié à Anne de Vy, reçu en 1552, mort en 1576; quartiers : 1 Montureux, 2 Saint-Mauris-en-Montagne, 3 Grammont, 4 Saulx.
487. Messire Jean de Grammont, seigneur de Nonnay, reçu en 1552, mort en 1572; quartiers : 1 Grammont, 2 Grenans, 3 Courbessaint, 4 Grachaux.
488. Messire Jean de Saint-Mauris-en-Montagne, seigneur de Saint-Mauris, Cour, Sancey, Fleurey,

marié à Anne d'Aroz, comme ses pères capitaine 1555
et gouverneur du comté de la Roche et de la
Franche-Montagne, villes et châteaux en dépendans, reçu en 1555, mort en 1617, inhumé à
l'église de Saint-Mauris, où se voient encore sa
tombe et celle de sa femme; quartiers : 1 Saint-
Mauris, 2 Rougemont, 3 Mugnans, 4 Amance.

489. Messire Adam de Byans, reçu en 1556, mort
en 1589; quartiers : 1 Byans, 2 Valdahon, 3
Guilloz, 4.....

490. Messire Pierre de Moustier, seigneur de Cubry,
Bermont, Nant, Trichateau, Bonnal, Adrissans,
capitaine de cent arquebusiers à cheval, marié 1.°
à Catherine de Bressey, 2.° à Françoise de Vy,
3.° à Marguerite de Trestondam, reçu en 1556,
mort en 1576; quartiers : 1 Moustier, 2 Grandvillars, 3 Cornon-de-Gorrevod, 4 Rivoire.

491. Messire François de Leugney, seigneur de
Leugney, Landresse, Vernois, gouverneur de
Baume, Arguel et Montfaucon, marié à Claudine de Saint-Mauris-en-Montagne, reçu en 1556,
gouverneur de l'ordre en 1579, mort en 1593;
quartiers : 1 Leugney, 2 Beaujeu, 3 Clairon, 4
Dompré.

492. Messire Claude de Voisey, reçu en 1556, mort
en 1589; quartiers : 1 Voisey, 2....., 3....., 4....

493. Messire Melchior de Sagey, seigneur d'Adrissans, reçu en 1556, mort en 1570; quartiers :
1 Sagey, 2 Plainoisel, 3 Villers, 4.....

494. Messire Nicolas de Thuillière, baron de Montjoye, marié à Radegonde d'Oiselet, reçu en 1558, mort en 1566; quartiers: 1 Thuillière-Montjoye, 2 Thuillière-Montjoye, 3 Arberg-Valengin, 4.....

495. Messire Claude Deschamps, seigneur de Gesier, reçu en 1558, mort en 1614; quartiers: 1 Deschamps, 2....., 3....., 4.....

496. Messire Simon de Grammont, seigneur de Veset, Nonnay, marié à Anne de Saint-Mauris-en-Montagne, veuve de Guillaume de Méligny, reçu en 1558, mort en 1564; quartiers: 1 Grammont, 2 Amange, 3 Achey, 4 Mouchet.

497. Messire Jean de Saint-Mauris-en-Montagne, seigneur de Mathay, Bermont, Roye et Allanjoye, marié à Françoise de Grammont, reçu en 1558, mort en 1575; quartiers: 1 Saint-Mauris, 2 Grammont, 3 Colombier, 4 Ferrière.

498. Messire François de Champagne, seigneur dudit lieu, marié à Louise de Guyerche, reçu en 1561, mort en 1588; quartiers: 1 Champagne, 2 Maizières, 3 du Larderet, 4 Grammont.

499. Messire Jean de Vaudrey, seigneur de Valleroy, le Bois-Flay, Mailleroncourt, Vellechevreux, marié 1.° à Eve d'Orsans, 2.° à Béatrix de Grammont, reçu en 1561, mort en 1568; quartiers: 1 Vaudrey, 2 Fay, 3 Grammont, 4 Mailleroncourt.

500. Messire Nicolas d'Augicourt, marié à Catherine de Vaudrey, reçu en 1562, mort en 1571,

portait de gueules à la croix ancrée d'or ; quartiers : 1 Augicourt, 2....., 3....., 4.....

501. Messire Henri de Vy, seigneur de Longevelle, Mercey, Gevigney, marié à Jeanne de Cicon, reçu en 1562, mort en 1580 ; quartiers : 1 Vy, 2 Aubonne, 3 Bougne, 4 La Chambre.

502. Messire Jean de Pierrefontaine, marié à N... de Chaussin, reçu en 1562, mort en 1564 ; quartiers : 1 Pierrefontaine, 2 Rougemont, 3 Orsans, 4 Achey.

503. Messire Claude de Raincour, seigneur de Falon, Montarlot, marié 1.º à Calvaire de Montarlot, 2.º à Françoise de Grammont, reçu en 1562, mort en 1628 ; quartiers : 1 Raincour, 2 Franquemont, 3 Lambrey, 4 Grammont.

504. Messire Nicolas de Citey, reçu en 1563, mort en 1568 ; quartiers : 1 Citey, 2....., 3....., 4.....

505. Messire Claude de Lanans, reçu en 1563, mort la même année ; quartiers : 1 Lanans, 2....., 3....., 4.....

506. Messire Jean Guillaume de Vaudrey, seigneur de Bevenge, marié à Anne de Présentevillers, reçu en 1563, mort en 1574 ; quartiers : 1 Vaudrey, 2 Quingey, 3 Gruffy, 4.....

507. Messire Ferdinand de Lannoy, d'une maison illustre des Pays-Bas, duc de Boyanne, prince de Sulmonne, chevalier de la Toison-d'Or, gouverneur de Gray, et bailli d'Amont, reçu en 1564, mort en 1580, portait d'argent à trois lions

de sinople, couronnés d'or et lampassés de gueules; quartiers : 1 Lannoy, 2 Lalin, 3 Castreotti, 4......

508. Messire Antoine d'ORSANS, maréchal héréditaire du Saint-Empire, marié à N.... de Canette-Marole, reçu en 1564, mort en 1577; quartiers : 1 Orsans, 2 Dompré, 3 Chauvirey, 4 Colombier.

509. Messire Jean-Baptiste d'ANDELOT, bailli de Dole, gentilhomme de la bouche de Philippe II roi d'Espagne, lieutenant du comte de Mansfeldt, et maréchal général des camps et armées de S. M. C. aux Pays-Bas, marié à Marguerite Le Blanc, reçu en 1564, mort en 1582; quartiers : 1 Andelot, 2 Cornon, 3 Houes, 4......

510. Messire Guillaume de GRAMMONT, seigneur de Veset, Nonnay, marié à Françoise de Citey, reçu en 1564, mort en 1592; quartiers : 1 Grammont, 2 Amange, 3 Achey, 4......

511. Messire Valentin de LA ROCHE; reçu en 1564, mort en 1589; quartiers : 1 La Roche, 2......, 3......, 4......

512. Messire Claude d'AIGREMONT, issu des anciens sires du château-fort d'Aigremont, seigneur dudit Aigremont et Ferrière, chambellan héréditaire de l'archevêché depuis trois siècles, marié à Barbe de Grangerot, reçu en 1564, mort en 1612, portait de gueules à trois croissans d'argent depuis Maurice d'Aigremont, chevalier croisé en 1191, au lieu de trois roses d'argent qu'il portait

auparavant; quartiers : 1 Aigremont, 2 Ferrière, 3 Mathay, 4.....

513. Messire Jacques de Vy, seigneur de Fresse, Vy, Bourbévelle, marié à Adrienne de Grammont, reçu en 1564, mort en 1578; quartiers : 1 Vy, 2 Beaumotte, 3 Saint-Mauris-en-Montagne, 4 Grammont.

514. Messire Charles Perrenot de Grandvelle, protonotaire apostolique, chanoine, archidiacre de la métropole de Besançon, abbé du Parc en Sicile et de Faverney, conseiller du conseil privé en Flandre, reçu en 1564, mort en 1567; quartiers : 1 Perrenot, 2 Philibert, 3 Bonvalot, 4 Merceret.

515. Messire Simon de Grammont, seigneur de Vellechevreux, marié à Jossine de Coussy de Vervins, reçu en 1565, mort la même année; quartiers : 1 Grammont, 2 Crevecœur, 3 Anglure, 4.....

516. Messire Pierre de Bussy, reçu en 1565, mort en 1586, portait écartelé d'argent et d'azur; quartiers : 1 Bussy, 2 Clermont, 3 Menthon, 4 Coligny.

517. Messire Gaspard d'Andelot, seigneur de Chemilly, capitaine de cent lances, marié à Antonia de Rye, reçu en 1556, mort en 1579; quartiers : 1 Andelot, 2 Cornon, 3 Igny, 4 Clermont.

518. Messire Alexandre de la Tour-Saint-Quentin, marié à Clauda de Grammont, reçu en 1556, mort en 1610; quartiers : 1 La Tour, 2 Fetigny, 3 Morel, 4 Morel.

519. Messire Jean de Mugnans, seigneur de Mugnans, Laissey, Luze, Saulx, gouverneur des ville et château de Lisle, marié 1.° à Claudine d'Amance, 2.° à Claudine de Saint-Mauris-en-Montagne, reçu en 1566, mort en 1578; quartiers : 1 Mugnans, 2 Cendrecourt, 3 Amance, 4 Cusance.

520. Messire Antoine de Mathay, seigneur de Jasney et Trévillers, marié 1.° à Jeanne de Mathay, 2.° à Suzanne de Faletans, reçu en 1568, mort en 1578, portait d'azur à une reine ou mélusine de carnation, couronnée d'or, issante d'une cuve de même; quartiers : 1 Mathay, 2 Saulnot, 3 Saint-Mauris-en-Montagne, 4 Rougemont.

521. Messire François de Vergy, comte de Champlitte, baron de Fonvent, gouverneur du comté de Bourgogne, chevalier de la Toison-d'Or, marié 1.° à Claudine de Pontailler, 2.° à Rénée de Ray, reçu en 1569, mort en 1593; quartiers : 1 Vergy, 2 Rochechouard, 3 Bourgogne, 4 Ayette.

522. Messire Jean de Laubespin, abbé de la Charité, reçu en 1569, mort en 1577; quartiers : 1 Laubespin, 2....., 3....., 4.....

523. Messire Claude de Cicon, seigneur de Richecourt, Purgerot, chambellan du duc de Lorraine, marié à Claudine de Lallemand, reçu en 1569, mort en 1602; quartiers : 1 Cicon, 2 Vergy, 3 Bessey, 4 du Saix.

524. Messire Gabriel de Diesbach, chanoine et ar-

chidiacre de la métropole de Besançon, prieur 1569.
de Vaucluse, d'une ancienne maison de Suisse,
reçu en 1569, mort en 1584, portait de sable à
la bande engrêlée d'or, accompagnée de deux
lions contournés de même; quartiers : 1 Diesbach,
2....., 3....., 4.....;

525. Messire François d'HARAUCOURT, seigneur de
Frasnoy, reçu en 1569, mort en 1580; quartiers :
1 Haraucourt, 2....., 3....., 4.....

526. Messire Marc de BEAUJEU, seigneur de Montôt,
Aroz, Artaufontaine, marié 1.° à Louise de
Vaivre; 2.° à Anne Perrenot de Grandvelle, reçu
en 1569, mort en 1613; quartiers : 1 Beaujeu,
2 Scey, 3 La Baume-Mont-Saint-Ligier, 4 Carondelet.

527. Messire François de CHASSEY, reçu en 1569,
mort en 1613, portait de gueules à la fasce d'argent, frettée d'azur; quartiers : 1 Chassey, 2
Toulongeon, 3 Vy, 4 Bougne.

528. Messire Jean de MANDRE, reçu en 1569, mort
en 1589; quartiers : 1 Mandre, 2....., 3.....,
4.....

529. Messire Humbert de MANDRE, capitaine de la
garnison de Besançon, marié à Marguerite Martin
de Gray, reçu en 1569, mort en 1585; quartiers :
1 Mandre, 2....., 3....., 4.....

530. Messire Michel de FRANQUEMONT, marié 1.° à
Marguerite de Brunecoffen, 2.° à....., reçu en
1570, rayé pour avoir quitté la religion catho-

lique-romaine en 1584 ; quartiers : 1 Franquemont, 2 Grachaux, 3 Lavoncourt, 4.....

531. Messire Pierre de Saint-Mauris, baron de Chatenois, seigneur de Sainte-Marie et à Saint-Mauris-en-Montagne, Cour, Sancey, etc., capitaine et gouverneur comme ses pères du comté de la Roche et de la Franche-Montagne, député de la noblesse vers le souverain en Espagne et en Flandre, marié 1.° à Anne de Courbessaint, 2.° à Philiberte de Vuillaffans, reçu en 1570, mort en 1585 ; quartiers : 1 Saint-Mauris, 2 Rougemont, 3 Mugnans, 4 Amance.

532. Messire Antoine de Grammont, seigneur de Melisey, Gesans, sergent-major du terce de Bourgogne, marié à Ferdinande de La Roche, reçu en 1571, mort en 1579 ; quartiers : 1 Grammont, 2 Vy, 3 Montureux-Ferrette, 4 Grammont.

533. Messire François de Grammont, archevêque de Besançon, haut doyen de la métropole, abbé de Montbenoit et Faverney, maître des requêtes au parlement de Dole, reçu en 1571, mort en 1594 ; quartiers : 1 Grammont, 2 Amange, 3 Achey, 4 Mouchet.

534. Messire Desle de Meligny, baron de Dampierre, seigneur de Thil, Lost, Montboillon, Franoy, marié à Perronne de Vaudrey, reçu en 1571, mort en 1595 ; quartiers : 1 Meligny, 2 Quingey, 3 Orsans, 4 Vaudrey.

535. Messire François de Pierrefontaine, reçu en 1571, mort en 1579; quartiers : 1 Pierrefontaine, 2 Rougemont, 3 Orsans, 4 Achey.

536. Messire Hugues de Plaine, seigneur de Roche, Gondenans, reçu en 1571, mort en 1600; quartiers : 1 Plaine, 2 Ray, 3 Falerans, 4.....

537. Messire Claude de Mathay, seigneur de Jasney, Chateney, Gesincourt, Bouhans, marié à Catherine de Guilloz, reçu en 1571, mort en 1586; quartiers : 1 Mathay, 2 Saint-Mauris-en-Montagne, 3 Mathay, 4 Grachaux.

538. Messire Claude de Butte, seigneur de Montarlot, Malans, reçu en 1571, mort en 1608; quartiers : 1 Butte, 2....., 3....., 4.....

539. Messire Jean-Horic de Reinach, abbé de Lure et de Mürbach, prince du Saint-Empire romain, d'une ancienne maison chevaleresque de Suisse, reçu en 1571, mort en 1580, portait d'or au lion coupé d'azur et de gueules; quartiers : 1 Reinach, 2....., 3....., 4.....

540. Messire Jean baron d'Oiselet, reçu en 1572, mort en 1589; quartiers : 1 Oiselet, 2 Oiselet, 3 Plaine, 4 Ray.

541. Messire Marc de Culz, seigneur de Cemboing, marié à Françoise de Grammont, reçu en 1572, mort en 1582; quartiers : 1 Culz, 2....., 3....., 4.....

542. Messire Gaspard de Grammont, seigneur de Chatillon, marié à Adrienne de Grammont-Joux,

reçu en 1572, mort en 1615; quartiers: 1 Grammont, 2 Fetigny, 3 Plaine, 4 Ray.

543. Messire Adrien de Moffans, reçu en 1572, mort en 1584; quartiers : 1 Moffans, 2 Moffans, 3 Valleroy, 4 Vaudrey.

544. Messire Philibert de Montmartin, baron et seigneur dudit lieu, Bourguignon, Loulans, Cicon, gentilhomme de la bouche de Philippe II roi d'Espagne, gruyer du comté de Bourgogne, marié à Louise de Ray, reçu en 1573, mort en 1587; quartiers : 1 Montmartin, 2 Cusance, 3 Cicon, 4 Champdivers.

545. Messire Claude de Cicon, seigneur de Ranconnière, reçu en 1573, mort en 1603; quartiers: 1 Cicon, 2 Inteville, 3 Champdivers, 4 Toulongeon.

546. Messire Claude de Vy, seigneur de Fresse, Vy, Raze, Mailleroncourt, marié 1.° à Claudine de Bourbévelle, 2.° à Anne de Grammont, reçu en 1573, mort en 1602; quartiers : 1 Vy, 2 Saint-Mauris-en-Montagne, 3 Grammont, 4 Mailleroncourt.

547. Messire Nicolas de Villers, seigneur de Mailley, Citey, reçu en 1573, gouverneur de l'ordre en 1597, mort en 1607; quartiers : 1 Villers, 2 Angoulevent, 3 Montaigu-Boutavent, 4 Beaujeu.

548. Messire Bonaventure de Jaquelain, seigneur de Jasney, reçu en 1573, mort en 1612; quartiers : 1 Jaquelain, 2 Montureux-Ferrette, 3 Vy, 4 du Louverot.

549. Messire Louis de Chissey, seigneur du Perret, 1573. reçu en 1573, mort en 1591, portait d'argent à trois emmanchures de sable, mouvantes du chef, chargées de trois quintefeuilles percées d'or; quartiers : 1 Chissey, 2 Genevois, 3 Vaudrey, 4 Arinthos.

550. Messire François de Vautravers, seigneur d'Eclans, reçu en 1573, mort en 1579, portait d'azur à trois pals d'or; quartiers : 1 Vautravers, 2 Binans, 3 Francière, 4 Malain.

551. Messire Pierre de Grachaux, seigneur de Raucourt, reçu en 1573, mort en 1601; quartiers : 1 Grachaux, 2 Manceville, 3 Quarrey, 4 Epenoys.

552. Messire Pierre de Blonay, abbé de Saint-Paul de Besançon, reçu en 1573, mort en 1574, portait de sable au lion d'or, accompagné de cinq tass d'argent; quartiers : 1 Blonay, 2 Diesbach, 3 Miolans, 4 Fribourg.

553. Messire Antoine de Montron, seigneur de Mont-sous-Vaudrey, reçu en 1574, mort en 1599; portait de gueules au chevron d'or, accompagné de trois besans de même; quartiers : 1 Montron, 2 Chemilly, 3 Vaudrey, 4 Tison.

554. Messire Balthasard de Grammont, seigneur de Roche, reçu en 1574, mort en 1584; quartiers : 1 Grammont, 2 Frétigny, 3 Plaine, 4 Ray.

555. Messire Hugues de Grammont, reçu en 1574, mort en 1585; quartiers : 1 Grammont, 2 Montmartin, 3 Vy, 4 Beaumotte.

556. Messire Henri de Vienne, baron de Chevraux, maréchal-de-camp en Espagne, colonel du régiment de Bourgogne, marié à Anne de Bessey, reçu en 1575, mort en 1580; quartiers : 1 Vienne, 2 Stainville, 3 Vergy, 4 Bourgogne.

557. Messire Vaudelin-Simon de Cusance, baron de Belvoir et Saint-Julien, marié à Béatrix de Vergy, reçu en 1575, mort en 1601; quartiers : 1 Cusance, 2 Château-Vilain, 3 Lugny, 4 Saint-Trivier.

558. Messire Claude-François de la Jonchière, reçu en 1575, mort en 1597, portait de gueules à la fasce d'argent; quartiers : 1 La Jonchière, 2 Conflans, 3 Lavoncour, 4 Voisey.

559. Messire Pierre de Scey, seigneur de Buthier, Pin, Epenoys, Esmagny, Chevroz, Chargé, marié à Anne de Poligny, reçu en 1575, mort en 1598; quartiers : 1 Scey, 2 Epenoys, 3 Andelot, 4 Cornon.

560. Messire Claude de La Baume-Montrevel, cardinal, archevêque de Besançon, prince du Saint-Empire, abbé de Charlieu et de Saint-Claude, maître des requêtes de l'hôtel de S. M. C, son conseiller en tous ses conseils et parlemens, vice-roi de Naples, reçu en 1576, mort en 1584; quartiers : 1 La Baume, 2 Longvy, 3 Igny, 4 Clermont.

561. Messire Claude d'Oiselet, baron de Villers-chemin et Lavigny, reçu en 1577, mort en 1579;

quartiers : 1 Oiselet, 2 Damas, 3 Pontailler, 4 Chandiot.

562. Messire Guillaume de MANDRE, abbé de Theuley, reçu en 1577, mort en 1603; quartiers : 1 Mandre, 2 Arlay, 3 Trestondam, 4 Moroge.

563. Messire Claude de LAUBESPIN, reçu en 1577, mort en 1593; quartiers : 1 Laubespin, 2 Allemand, 3 Gagnard, 4 Vaudrey.

564. Messire Thomas de PONTAILLER, baron de Vaugrenans et Ternans, du nombre des gentilshommes qui se distinguèrent lors des dévastations du partisan Tremblecourt, et mirent ses bandes en déroute complète en 1595, reçu en 1577, mort en 1618; quartiers : 1 Pontailler, 2 Armestoff, 3 Ternans, 4 Poitier.

565. Messire Antoine d'HARAUCOURT, seigneur de Franois, reçu en 1577, mort en 1625; quartiers : 1 Haraucourt, 2 Senailly, 3 Lannoy, 4 Thuillière.

566. Messire Antoine d'ORSANS, seigneur d'Antorpe et de Roche, reçu en 1578, mort en 1588; quartiers : 1 Orsans, 2 Chauvirey, 3 Canette-Marole, 4 Parenty.

567. Messire Adrien de JAQUELAIN, chevalier de l'ordre de Saint-Jean de Jérusalem, commandeur de Genevois, reçu en 1580, mort en 1592; quartiers : 1 Jaquelain, 2 Montureux, 3 Vy, 4 du Louverot.

568. Messire Claude de VERGY, comte de Champlitte,

gouverneur du comté de Bourgogne, chevalier de la Toison-d'Or, marié à Eléonore de Thomassin, reçu en 1580, mort en 1600; quartiers : 1 Vergy, 2 Bourgogne, 3 Pontailler, 4 Vergy.

569. Messire Antoine de GRAMMONT le jeune, reçu en 1580, mort en 1593; quartiers : 1 Grammont, 2 Vy, 3 Montureux-Ferrette, 4 Grammont.

570. Messire Jean de MAIZIÈRE, méstre-de-camp d'un terce bourguignon pour le service de S. M. C., gouverneur de Bréda et Frankendal, conseiller du roi en ses conseils de guerre, reçu en 1581, mort en 1582, portait d'argent à trois quintefeuilles percées de sable; quartiers : 1 Maizières, 2 Herbanney, 3 Raincourt, 4 Lambrey.

571. Messire Jean de SACQUENAY, seigneur de Rougemont, reçu en 1582, mort en 1609; quartiers : 1 Sacquenay, 2 Chateignier, 3 Saint-Andosse, 4 Chissey-Varenges.

572. Messire Gabriel de CLAIRON, seigneur dudit lieu, marié à Magdeleine de Plaisant, reçu en 1584, mort en 1623; quartiers : 1 Clairon, 2 Grammont, 3 Vaudrey, 4 Grammont.

573. Messire Jean de CLAIRON, seigneur de Dompré, Vuillaffans, marié à Clauda de Vaudrey, reçu en 1584, mort en 1591; quartiers : 1 Clairon, 2 Grammont, 3 Scey, 4 Chauvirey.

574. Messire Antoine Perrenot de GRANDVELLE, cardinal, évêque d'Arras, archevêque de Besançon

et de Malines, abbé de Moréal en Sicile, Luxeuil 1586. et de Saint-Vincent, ministre d'état et vice-roi de Naples, reçu en 1586, mort la même année; quartiers : 1 Perrenot, 2 Philibert, 3 Bonvalot, 4 Merceret.

575. Messire Louis d'Oiselet, baron de Villerschemin, marié à Claude d'Oiselet, reçu en 1586, mort en 1607; quartiers : 1 Oiselet, 2 Pontailler, 3 Ray, 4......

576. Messire Jacques de Villeneuve, reçu en 1586, mort en 1600; quartiers : 1 Villeneuve, 2 Champagne, 3 Perrenot, 4 Bonvalot.

577. Messire Antide de Grammont, seigneur de Vellechevreux, marié à Huguette d'Oiselet, reçu en 1586, mort en 1589; quartiers : 1 Grammont, 2 Anglure, 3 Coucy, 4 Le Bief.

578. Messire Pierre Deschamps, seigneur de Morambert, reçu en 1587, mort en 1595, brisait ses armes d'un croissant d'argent en chef; quartiers : 1 Deschamps, 2 Vaite, 3 Vaudrey, 4 Scey.

579. Messire Louis de La Tour-Saint-Quentin, seigneur de Mazos, marié 1.° à Rose de Jouffroy, 2.° à Louise de Grospain, reçu en 1589, mort en 1611; quartiers : 1 La Tour, 2 Fetigny, 3 Morel, 4 Morel.

580. Messire Jacques de Saint-Maurice, chanoine, grand archidiacre de la métropole, protonotaire apostolique, prieur de Saint-Saure, Bellefontaine, Saint-Renobert, abbé de Goaille et de

Montbenoît, conseiller-clerc au parlement de Dole, puis maître des requêtes, d'une famille originaire de Dole, distinguée dans la magistrature depuis le commencement du xvi.ᵉ siècle, qui portait de gueules à la croix tréflée d'argent, dite de Saint-Maurice, au chef d'azur chargé de trois cœurs d'or, remplacé depuis par un chef d'azur à l'aigle d'or, de concession pour service rendu; reçu en 1590, mort en 1602; quartiers : 1 Saint-Maurice, 2 Morand, 3 Bonvalot, 4 Merceret.

581. Messire Ferdinand de VERGY, seigneur de Flagey, capitaine d'une compagnie de gens de pied, reçu en 1590, tué en 1591 à une montre d'armes faite à Champlitte, d'un coup d'arquebuse tiré par mégarde, âgé de 23 ans; quartiers : 1 Vergy, 2 Bourgogne, 3 Pontailler, 4 Vergy.

582. Messire Clériadus de VERGY, comte de Champlitte, chevalier de la Toison-d'Or, gouverneur du comté de Bourgogne, marié à Magdeleine de Bauffremont, reçu en 1590, mort en 1630; quartiers : 1 Vergy, 2 Bourgogne, 3 Pontailler, 4 Vergy.

583. Messire Claude de MANDRE, reçu en 1590, mort en 1595; quartiers : 1 Mandre, 2 Arlay, 3 Trestondam, 4 Moroge.

584. Messire Guillaume de BEAUJEU, seigneur de Vadans, Saint-Valier, reçu en 1590, mort en 1595; quartiers : 1 Beaujeu, 2 Scey, 3 La Baume, 4 Carondelet.

585. Messire Hiérôme d'Achey, bailli d'Amont, 1590. gouverneur de Gray, reçu en 1590, mort en 1615; quartiers : 1 Achey, 2 Mouchet, 2 Perrenot, 4 Bonvalot.

586. Messire Jacques-Antoine de Grammont, qui portait le nom de Joux, seigneur de La Roche, baron de Chatillon, marié à Jeanne-Baptiste de Grammont; reçu en 1590, mort en 1619; quartiers : 1 Grammont, 2 Plaine, 3 Grammont, 4 Pontailler.

587. Messire Claude de Séroz, baron de Choye, seigneur dudit lieu, marié à Benigne de Grammont, reçu en 1590, mort en 1630; quartiers : 1 Séroz, 2 Scey, 3 Saint-Mauris-Crilla, 4 Monterby.

588. Messire Jean-Claude de Mugnans, seigneur de Mugnans, Laissey, Luz, marié à Rose de La Tour-Saint-Quentin, reçu en 1590, mort en 1624; quartiers : 1 Mugnans, 2 Amance, 3 Saint-Mauris-en-Montagne, 4 Colombier.

589. Messire Martin de Sacquenay, reçu en 1592, mort en 1595; quartiers : 1 Sacquenay, 2 Chateignier, 3 Saint-Andosse, 4 Chissey-Varenges.

590. Messire Martin de Villers, reçu en 1592, mort en 1621 ; quartiers : 1 Villers, 2 Angoulevent, 3 Sacquenay, 4 Chateignier.

591. Messire Gaspard de Mathay, seigneur de Jasney, Mathay, Gesincourt, marié à Jeanne de Jaquelain, reçu en 1592, mort en 1613; quar-

tiers : 1 Mathay, 2 Mathay, 3 Guilloz, 4 Faletans.

592. Messire François de VAUDREY, seigneur de Beveuge, marié à Françoise-Marguerite de Meligny, reçu en 1592, mort en 1634; quartiers : 1 Vaudrey, 2 Gruffy, 3 Présentevillers, 4 Monterby.

593. Messire Marc de SAINT-MAURIS-en-Montagne, administrateur, grand prieur et aumônier de l'abbaye de Saint-Claude, reçu en 1592, mort en 1628; quartiers : 1 Saint-Mauris, 2 Rougemont, 3 Mugnans, 4 Amance.

594. Messire Jean de SAINT-MAURIS-en-Montagne, reçu religieux à Saint-Claude en 1550, puis grand prieur, vicaire général et abbé de Notre-Dame du Miroir, reçu en 1592, inhumé en 1622 sous une tombe *existante* au milieu de l'église de Saint-Mauris, où il se voit représenté en relief; quartiers : 1 Saint-Mauris, 2 Rougemont, 3 Mugnans, 4 Amance.

595. Messire Jean de SAINT-MAURIS-CRILLA, seigneur à Uselle, et Crilla (ancienne maison chevaleresque issue de celle de Crilla, par Guillaume de Crilla, fils de Régnier et seigneur de Crilla et Saint-Mauris dans le Jura, où il bâtit un château vers l'an 1300, dont il prit le nom, que conservèrent dès-lors ses descendans), reçu en 1592, mort en 1628, portait de gueules au chevron d'argent, accompagné de deux étoiles en chef, et d'une rose en pointe de même; quartiers : 1 Saint-Mauris, 2 Monteron, 3 Reculot, 4 La Touyère.

596. Messire Desle de Moustier, seigneur de Bermont, Cubry, Nant, etc., capitaine et gouverneur de Clerval et Passavant, capitaine d'une compagnie de cent hommes d'armes à cheval pour le service de S. M. C., marié à Antide de Pra, reçu en 1593, gouverneur de l'ordre en 1608, mort en 1631; quartiers : 1 Moustier, 2 Cornon-de-Gorrevod, 3 Vy, 4 Bougne. — 1593.

597. Messire François de Vy, reçu en 1593, mort en 1595; quartiers : 1 Vy, 2 Saint-Mauris-en-Montagne, 3 Grammont, 4 Mailleroncourt.

598. Messire Ferdinand d'Andelot, substitué au nom et armes de Le Blanc, seigneur d'Olans, chevalier de Malte, gouverneur de Gray, colonel du régiment d'Amont, premier maître d'hôtel de l'infante Isabelle, du nombre des gentilshommes qui se distinguèrent lors des dévastations du partisan Tremblecourt, et mirent ses bandes en déroute complète en 1595, marié 1.° à Anne de Grammont, 2.° à Anne-Françoise de Laubespin, reçu en 1597, mort en 1623, portait d'Andelot, écartelé de Le Blanc; quartiers : 1 Andelot, 2 Houës, 3 Le Blanc, 4 Perrenot.

599. Messire François de Saint-Mauris-en-Montagne, seigneur de Saint-Mauris, Cour, Sancey, Fleurey, Belherbe, marié 1.° à Vandeline de Cusance, 2.° à Catherine de Poligny, capitaine et gouverneur, comme ses ancêtres, du comté de La Roche, de la Franche-Montagne et de Saint-Hippolyte,

qu'il défendit si vaillamment en 1635 contre le général comte de Grancey, qu'à la tête d'une poignée d'intrépides montagnards, il culbuta sa division, le blessa lui-même de sa main, et lui enleva son artillerie, son camp et ses bagages; reçu en 1597, mort en 1636, selon l'épitaphe de sa tombe que l'on voit au milieu de l'église de Sancey; son écu suspendu à l'église des Carmes portait (et on ne sait pas pourquoi) huit quartiers : 1 Saint-Mauris, 2 Rougemont, 3 Mugnans, 4 Amance, 5 Aroz, 6 Jouffroy, 7 Franquemont, 8 Accolans.

600. Messire Antoine de Vy, seigneur de Fresse, Raze, Bourbévelle, Mailleroncourt, marié à Guillemette de Chassey, reçu en 1598, mort en 1620; quartiers : 1 Vy, 2 Grammont, 3 Bourbévelle, 4 Rennepont.

601. Messire Hardouin de Clermont, baron de Rupt, reçu en 1599, mort en 1634; quartiers : 1 Clermont, 2 Rupt dit de Goux, 3 Mailly, 4 Prie.

602. Messire Antoine de Blicterswich, baron de Melisey, La Roche, Ternuey, Montureux, Saint-Germain, armé chevalier en 1593, commandant d'un quartier de la province, marié à Anne Guillemette de Friant, reçu en 1599, mort en 1634; quartiers : 1 Blicterswich, 2 Beaumotte, 3 Montureux-Ferrette, 4 Grammont.

603. Messire Thiébaud de Prevost, seigneur de

Trévillers, reçu en 1600, mort en 1635, portait de gueules au sautoir d'argent, chargé de cinq étoiles de gueules; quartiers : 1 Prevost, 2 Aigremont, 3 Villeneuve, 4 Vaugrenans.

604. Messire Henri de Pierrefontaine, seigneur de Voillant, marié à Dorothée de Lallemand, reçu en 1601, mort en 1636; quartiers : 1 Pierrefontaine, 2 Orsans, 3 Chaussin, 4 Monconis.

605. Messire Valentin de Grammont, sergent-major d'un terce bourguignon, du nombre des gentilshommes qui se distinguèrent lors des dévastations du partisan Tremblecourt, et mirent ses bandes en déroute complète en 1595, reçu en 1601, tué au siége de l'Ecluse en 1604; quartiers : 1 Grammont, 2 Montureux, 3 La Roche, 4 Mugnans.

606. Messire François de Pontailler, baron de Vaugrenans, marié à Dorothée de Poitier, reçu en 1603, mort en 1638; quartiers : 1 Pontailler, 2 Ternans, 3 Damas, 4 Lebeau.

607. Messire Edme de Pra, seigneur de Longvy, (substitué au nom et armes de Ballay et de Saulx), marié 1.° à Suzanne Franchet, 2.° à Jeanne de Beaurepaire, reçu en 1603, mort en 1633, portait de Ballay, écartelé de Saulx, sur le tout de Pra, qui est de gueules à la bande d'argent, accompagné de deux huchets de même; quartiers : 1 Pra, 2 Syvria, 3 Ballay, 4 Saulx.

608. Messire Antoine de Grammont, seigneur de

Grammont, Chatillon, Conflandey et Frotey, marié à Adrienne d'Andelot, reçu en 1604, mort en 1628; quartiers : 1 Grammont, 2 Plaine, 3 Grammont, 4......

609. Messire Marc de SAINT-MAURIS-en-Montagne, seigneur du Friolois et à Saint-Mauris, Cour, Sancey et Saint-Hippolyte, marié à Reine de Pardessus (branche de la maison de Poligny), capitaine de cent cuirasses au service de S. M. C., capitaine et gouverneur de Châteauneuf, puis du comté de La Roche et de la Franche-Montagne, après la mort de son frère François qu'il avait si vigoureusement secondé lors de la glorieuse sortie où ils blessèrent le général comte de Grancey, culbutèrent et défirent sa divison, et prirent son artillerie, son camp et tous ses bagages; reçu en 1604, mort en 1659; quartiers : 1 Saint-Mauris, 2 Mugnans, 3 Aroz, 4 Franquemont.

610. Messire Jean-Claude de SAINT-MAURIS-en-Montagne, grand prieur de Saint-Claude, reçu en 1605, mort en 1620; quartiers : 1 Saint-Mauris, 2 Mugnans, 3 Aroz, 4 Franquemont.

611. Messire Hermenfroy-François baron d'OISELET, chevalier d'honneur au parlement de Dole, et intendant aux affaires d'état, marié à Anne d'Orsans, reçu en 1606, mort en 1622; quartiers : 1 Oiselet, 2 Plaine, 3 Cusance, 4 Lugny.

612. Messire Antide de GRAMMONT, baron de Melisey, seigneur de Courbessaint-le-Saulcy, colonel d'in-

fanterie, gouverneur de Dole et de Salins, marié à Reine Felletet; quartiers : 1 Grammont, 2 Montureux, 3 La Roche, 4 Mugnans.

1606

613. Messire Adrien de Rosières, seigneur de Rosières, Sorans, Bréurey, etc., marié à Nicole de Lallemand, capitaine au régiment d'Amont, reçu en 1606, mort en 1636, portait de sable à trois branchettes d'éperons d'argent, les molettes en bas; devise, QUI S'Y FROTTE S'Y PIQUE; quartiers : 1 Rosières, 2 Moffans, 3 Ageville, 4 Chastenay.

614. Messire Philippe Deschamps, ecclésiastique, reçu en 1606, mort en 1618; quartiers : 1 Deschamps, 2 Vaudrey, 3 Roset, 4 Chissey-Varenges.

615. Messire Pierre Deschamps, reçu en 1606, mort en 1627; quartiers : 1 Deschamps, 2 Vaudrey, 3 Roset, 4 Chissey-Varenges.

616. Messire Christophe de Culz, marié à Maxence de Meligny, reçu en 1607, mort en 1662; quartiers : 1 Culz, 2 Citey, 3 Grammont, 4 Plaine.

617. Messire Charles de Laubespin, reçu en 1609, mort en 1523; quartiers : 1 Laubespin, 2 Chalant, 3 Poitiers, 4 Hocberg.

618. Messire Claude-François d'Allemand-Molprey, seigneur de Molprey, Conliège et Mucia, (divers auteurs les prétendent branche de la maison d'Allemand du Dauphiné, et l'on voit en effet dans sa généalogie qu'une de ses branches s'établit en Bourgogne); marié à Marguerite de Saint-Mauris-en-Montagne, reçu en 1612, mort en 1626,

portait écartelé au premier et quatre de gueules
à trois aiglettes d'or, qui est d'Allemand, au 2
et 3 d'or à trois bandes de gueules, qui est de
Molprey; quartiers : 1 Allemand, 2 Chissey, 3
Pierrefontaine, 4 Orsans.

619. Messire Guy de MANDRE, reçu en 1612, mort
en 1626; quartiers : 1 Mandre, 2 Arlay, 3 Trestondam, 4 Moroge.

620. Messire François comte de LALLEMAND, baron
de Bouclans, Vaitte, Cottebrune, Lavigny, Belmont, Courmoillon, député deux fois des états
vers la Suisse, capitaine du château de Bléterans,
marié 1.° à Catherine de Montrichard, 2.° à Anne
de Chaffoy, reçu en 1612, mort en 1614, portait
d'argent à la fasce de sable, accompagnée de trois
tiercefeuilles de gueules.

Charles-Quint déféra la dignité de chevalier
et le titre de comte héréditaire et nombre d'autres avantages à Jean II de Lallemand, chevalier,
son aïeul, d'abord page de l'archiduchesse Marguerite, puis successivement élevé aux dignités
d'ambassadeur, premier ministre, inspecteur
général d'Arragon et des Deux-Siciles, en faveur
de ses nombreux et éminens services, et en considération de l'ancienne noblesse de ses ancêtres
relatée depuis Rodolphe de Lallemand, écuyer
tranchant d'Othon, duc et comte de Bourgogne,
et de leurs services distingués dans les premiers
grades militaires, par une honorable patente de

l'an 1503, qui relate leur filiation et leur grade avec détails et circonstances, le tout duement et authentiquement enregistré dans les premières cours souveraines de la chambre des comptes du parlement de Bourgogne et autres, notamment au parlement de Paris, à l'époque de la ratification dudit titre et de toutes ces circonstances par Louis XIV, le tout corroboré par titres et monumens contemporains encore existans. Ces faits historiques n'auraient peut-être pas paru assez marquans pour prendre place ici, si l'on n'eût cru remarquer que la malveillance avait cherché à les dénaturer par des expressions équivoques, persuadé qu'il est de devoir de confondre la calomnie partout où l'on l'aperçoit. Quartiers : 1 Lallemand, 2 Hanneton, 3 Mailly, 4 Prie.

621. Messire Jean de WATTEVILLE, évêque, comte de Lausanne, prince du Saint-Empire, abbé de la Charité, reçu en 1612, mort en 1648; quartiers : 1 Watteville, 2 Chauvirey, 3 Grammont, 4 Pontailler.

622. Messire Claude de MONTRICHARD, seigneur de Fertans, marié à Clauda de Vaudrey, reçu en 1613, mort en 1654; quartiers : 1 Montrichard, 2 Scey, 3 Montrichard, 4 Merlet.

623. Messire Philippe d'ALLEMAND-MOLPREY, grand prieur de Baume et de Neuville, reçu en 1613, mort en 1619; quartiers : 1 Allemand, 2 Chissey, 3 Pierrefontaine, 4 Orsans.

624. Messire Antoine de MANDRE, seigneur de Montureux, reçu en 1613, mort en 1619; quartiers: 1 Mandre, 2 Senailly, 3 Orsans, 4 Achey.

625. Messire Charles d'ACHEY, marié à Françoise de Scey, reçu en 1613, mort en 1636; quartiers: 1 Achey, 2 Perrenot, 3 Bauffremont, 4 Pontailler.

626. Messire Emmanuel-Philibert de LA BAUME dit de Poupet de Bruge et de Corgenon, comte de Saint-Amour, marquis de Saint-Genis et d'Yenne, baron de Montfalconnet, de Corgenon et de Sendrens, seigneur de Châteauneuf, Martery, capitaine de cinquante chevau-légers pour le service du duc de Savoie, colonel d'un régiment bourguignon au service de S. M. C., reçu en 1614, mort en 1623, portait écartelé au 1 et 4 de Bruges, qui est d'or à la croix de sable, au deuxième quartier de Poupet, d'or au chevron de sable, accompagné de trois perroquets de sinople, au troisième de Corgenon, qui est d'or au chef de gueules, et sur le tout de La Baume, qui est d'or à la bande pleine d'azur; quartiers: 1 La Baume, 2 Damas, 3 Bruges, 4 La Chambre.

627. Messire François de la TOUR-SAINT-QUENTIN, seigneur de Remeton, Escrille, gruyer de Bourgogne, marié à Ursule de Gilley, reçu en 1614, mort en 1623; quartiers: 1 La Tour, 2 Morel, 3 Grammont, 4 Plaine.

628. Messire Jean-Gabriel de VAUDREY, seigneur de Valleroy, Dompré, Ballière, marié à Etien-

nette de Montrichard, reçu en 1614, mort en 1623; quartiers : 1 Vaudrey, 2 Grammont, 3 Grammont, 4 Grammont.

1614

629. Messire Guillaume du LOUVEROT, reçu en 1614, mort en 1616, portait d'argent au pal d'azur à la fasce de gueules, chargée d'un lion naissant d'or sur le tout; quartiers : 1 du Louverot, 2 Montrichard, 3 Rénédalle, 4 Falerans.

630. Messire Antoine de BALLAY, seigneur de Marigna, marié 1.° à Marguerite de Favernier, 2.° à Guillemette de Chissey, reçu en 1615, mort en 1627; quartiers : 1 Ballay, 2 Courcelle, 3 Mouchet, 4 Perrenot.

631. Messire Elion d'ANDELOT, seigneur de Tromarey, gouverneur de Gray, marié à Magdeleine de Grammont, reçu en 1615, mort en 1638; quartiers : 1 Andelot, 2 Coyenghen, 3 Ballay, 4 Saulx.

632. Messire Antoine d'AROZ, seigneur d'Uselle, Accolans, Romain, Sancey, Aroz, marié à Anne de Thon, reçu en 1618, mort en 1632; quartiers : 1 Aroz, 2 Jouffroy, 3 Mathay, 4 Gruffy.

633. Messire François de RYE dit de La Palud, marquis de Varambon, comte de La Roche et de Varax, baron et seigneur de Balançon, Villersexel, Saint-Hippolyte, Rougemont, etc., marié 1.° à Catherine d'Ostfrise, 2.° à Christine d'Haraucourt, reçu en 1623, mort en 1633; quartiers : 1 Rye, 2 Tournon, 3 Chabot, 4 Rye.

634. Messire Philibert de Moustier, seigneur de Bermont, capitaine de cavalerie en Espagne, marié à Claire de Vy, reçu en 1623, gouverneur de l'ordre en 1632, tué devant le château de Ray en 1642; quartiers : 1 Moustier, 2 Vy, 3 Pra, 4 Ballay.

635. Messire Claude d'Amandre, marié à Suzanne de Thon, reçu en 1623, mort en 1629; quartiers : 1 Amandre, 2 du Vernois, 3 Chassey, 4 Vy.

636. Messire Gaspard de Prevost, seigneur de Pelousey, reçu en 1624, mort en 1666; quartiers : 1 Prevost, 2 Villeneuve, 3 Mathay, 4 Grachaux.

637. Messire François-Thomas d'Oiselet, comte de Cantecroix, chevalier de la Toison-d'Or, marié à Caroline d'Autriche, reçu en 1625, mort en 1629; portait d'Oiselet, écartelé de Perrenot-Grandvelle; quartiers : 1 Oiselet, 2 Damas, 3 Perrenot, 4 Brederodes.

638. Messire Claude de Poligny, baron et seigneur de Traves, marié 1.º à Anne de Grospain, 2.º à Marguerite de Neufchâtel, reçu en 1625, mort en 1662, portait de gueules au chevron d'argent; quartiers : 1 Poligny, 2 Montrichard, 3 Montfort-Tailland, 4 Couhé.

639. Messire Adam de Saint-Mauris, baron de Chatenois, seigneur de Chateney, Sainte-Marie, Lambrey, colonel de cavalerie au service de S. M. C., commandant de la Franche-Montagne, du nombre des gentilshommes qui se distinguè-

rent lors des dévastations du partisan Tremblecourt, et mirent ses bandes en déroute complète en 1595, grièvement blessé au siége de Verrue en 1625, élu commandant d'un corps de cavalerie de deux mille chevaux levés pour la défense de la province en 1632, tué en reprenant son château de Sainte-Marie sur un gros de partisans qui l'avait surpris en son absence en 1635, marié à Bonne de Coinctet de Châteauvert, chanoinesse-novice de Baume, reçu en 1625; quartiers : 1 Saint-Mauris, 2 Mugnans, 3 Vuillaffans, 4 Lambrey.

640. Messire Jean-Baptiste de JOUFFROY-GONSANS, protonotaire apostolique, chanoine et grand-chantre de la métropole, reçu en 1625, mort en 1661, portait fascé d'or et de sable de six pièces, la première de sable, chargée de deux croisettes d'argent; quartiers : 1 Jouffroy, 2 Despotots, 3 La Tour-Saint-Quentin, 4......

641. Messire Mathieu de LEZET, commandant de deux cents hommes de pied, marié à Antoinette de Chavirey, reçu en 1625, mort en 1655, portait parti d'argent et de gueules, à quatre fers de moulin, posés en croix de l'un en l'autre; quartiers : 1 Lezet, 2 Syvria, 3 Azuel, 4 du Saix.

642. Messire Claude-Baptiste de VY, seigneur de Bourbévelle, Mailleroncourt, marié à Anne de Vaudrey, reçu en 1625, mort en 1635; quartiers : 1 Vy, 2 Bourbévelle, 3 Chassey, 4 Vy.

643. Messire Jean-François de JOUFFROY, seigneur de Vaivre, marié à Claudine de Mathay, reçu en 1626, mort en 1635; quartiers : 1 Jouffroy, 2 Brancion, 3 La Tour, 4 Saint-Maurice-le-Muid.

644. Messire Jean-François de VY, seigneur de Mailleroncourt, Fresse, Bourbévelle, Contréglise, marié à Anne de Mugnans, reçu en 1626, gouverneur de l'ordre en 1637, mort en 1666; quartiers : 1 Vy, 2 Bourbévelle, 3 Chassey, 4 Vy.

645. Messire Gaspard-Melchior de VAUDREY, colonel d'un régiment de cuirassiers, puis officier général au service de Bavière, marié à N.... de Thééringue, reçu en 1626, mort en 1635; quartiers : 1 Vaudrey, 2 Présentevillers, 3 Meligny, 4 Vaudrey.

646. Messire Jean-Jacques comte de la TOUR-SAINT-QUENTIN, baron de Montclef, mestre de camp d'un terce bourguignon, commandant à Bréda, marié à Claudine de Fussey, reçu en 1627, mort en 1634; quartiers : 1 La Tour, 2 Saint-Maurice-le-Muid, 3 Bussy, 4 Despotots.

647. Messire Philibert du LOUVEROT, seigneur de Rambey, reçu en 1627, mort en 1634; quartiers : 1 du Louverot, 2 Rénédalle, 3 Chissey, 4 Chaussin.

648. Messire Hermenfroy-François de MANDRE, reçu en 1627, mort en 1636; quartiers : 1 Mandre, 2 Orsans, 3 Cicon, 4 Achey.

649. Messire Louis de MAIZIÈRES, reçu en 1627, mort en 1667; quartiers : 1 Maizières, 2 Raincour, 3 Cambaron, 4 Lavier.

650. Messire Pierre de Clairon, abbé de Theuley et de Cherlieu, reçu en 1628, mort en 1656; quartiers : 1 Clairon, 2 Vaudrey, 3 Plaisant, 4 Séroz. 1628.

651. Messire François de Clairon, seigneur de Clairon, Mailley, Voisey, maître de l'artillerie en Bourgogne, marié 1.° à Clauda de Marmier, 2.° à Adrienne de Thomassin; quartiers : 1 Clairon, 2 Vaudrey, 3 Plaisant, 4 Séroz.

652. Messire François de Grachaux, marié à Françoise de Beaujeu, reçu en 1628, mort en 1636; quartiers : 1 Grachaux, 2 Averly, 3 Jouffroy, 4 Brancion.

653. Messire Jean de Villeneuve, reçu en 1628, mort en 1636; quartiers : 1 Villeneuve, 2 Vaugrenans, 3 Champagne, 4 Beaujeu.

654. Messire Louis d'Andelot, capitaine de deux cents chevau-légers, reçu en 1628, mort en 1629; quartiers : 1 Andelot, 2 Le Blanc, 3 Laubespin, 4 Grammont.

655. Messire Claude-François comte de Grammont, chevalier d'honneur au parlement de Dole, gouverneur d'Artois, colonel de cavalerie en Milanais, ambassadeur de S. M. C. en Bavière, en Allemagne et en Italie, capitaine de ses gardes du corps, reçu en 1628, mort en 1665; quartiers : 1 Grammont, 2 Grammont, 3 Andelot, 4 Le Blanc.

656. Messire Philibert de Poligny, seigneur de Velle, marié à Clauda d'Oiselet, reçu en 1629,

mort en 1636; quartiers: 1 Poligny, 2 Montrichard, 3 Vautravers, 4 Genèves.

657. Messire Jean-Melchior de Culz, reçu en 1629, mort la même année; quartiers : 1 Culz, 2 Grammont, 3 Meligny, 4 Vaudrey.

658. Messire Humbert d'Haraucourt, reçu en 1629, mort en 1636; quartiers : 1 Haraucourt, 2 Senailly, 3 Oiselet, 4 Pontailler.

659. Messire Jean-Jacques de Blicterswich, baron de Montclef, La Roche, Melisey, capitaine de cent cuirasses au régiment de Saint-Mauris, marié 1.° à Dorothée de Constable, 2.° à Béatrix de Saint-Mauris-Chatenois, reçu en 1629, mort en 1636; quartiers: 1 Blicterswich, 2 Montureux, 3 Friant, 4 Byans.

660. Messire Adrien de Salives, seigneur de Serre, reçu en 1629, mort en 1657, portait palé d'argent et de gueules de six pièces, au chef d'azur chargé de trois coquilles d'or; quartiers : 1 Salives, 2 Mandre, 3 Oiselet, 4 Pontailler.

661. Messire Denis de Byans, reçu en 1630, mort en 1636; quartiers : 1 Byans, 2 La Jonchières, 3 Guillot, 4 Conflans.

662. Messire Jean-Baptiste de Thon, seigneur de Rantechaux, reçu en 1632, mort en 1674, portait de gueules à la fasce d'argent, accompagnée en pointe d'un levrier de même, accolé de gueules; quartiers: 1 Thon, 2 Prevost, 3 Dupin, 4 Bussy.

663. Messire Pierre de Culz, grand-chantre du cha-

pitre de Baume, reçu en 1632, mort en 1636; quartiers : 1 Culz, 2 Culz, 3 Champagne, 4 Beaujeu.

664. Messire Africain de Montagu-Boutavent, chevalier de l'ordre de Saint-Jean de Jérusalem, reçu en 1632, mort en 1688, portait de gueules au croissant montant d'argent; quartiers : 1 Montagu, 2 Bernard-Montessu, 3 Gauthiot, 4 Chasseau.

665. Messire Humbert-Louis de Vesoul, seigneur de Raincour, Velotte, Borey, Uselle, etc., marié 1.° à Etiennette de Faletans, 2.° à Claudine d'Aroz, reçu en 1633, mort en 1669; quartiers : 1 Vesoul, 2 Meligny, 3 Saint-Belin, 4 Raincour.

666. Messire Hermenfroy-François baron d'Oiselet, reçu en 1633, mort en 1634; quartiers : 1 Oiselet, 2 Cusance, 3 Orsans, 4 Achey.

667. Messire Thomas de Jouffroy, seigneur de Novillars, Amagney, co-gouverneur de Besançon, marié à Jeanne Despotots, reçu en 1636, mort la même année; quartiers : 1 Jouffroy, 2 Brancion, 3 La Tour-Saint-Quentin, 3 Saint-Maurice-le-Muid.

668. Messire Claude-Antoine de Vaudrey, seigneur de Beveuge, marié à Octavie de Rossillon, reçu en 1647, gouverneur de l'ordre en 1667, mort en 1674; quartiers : 1 Vaudrey, 2 Présentevillers, 3 Meligny, 4 Vaudrey.

669. Messire Marc de Montagu de Boutavent, marié

à Marguerite-Thérèse de Gilley, veuve de Clériadus de La Tour, capitaine du château de Faucogney, reçu en 1647, mort en 1661; quartiers : 1 Montagu, 2 Bernard-Montessu, 3 Gauthiot, 4 Chasseau.

670. Messire Gérard de Rosières, seigneur de Sorans, capitaine au régiment d'Amont, député de la noblesse vers l'archiduc, gouverneur des Pays-Bas; marié à Bonnaventure Froissard, reçu en 1647, mort en 1662; quartiers : 1 Rosières, 2 Agueville, 3 Lallemand, 4 Montfort-Taillant.

671. Messire Jean-Baptiste de Pierrefontaine, reçu en 1647, mort en 1648; quartiers : 1 Pierrefontaine, 2 Chaussin, 3 Lallemand, 4 Montfort-Taillant.

672. Messire Gaspard de Moustier, baron d'Igny, seigneur de Cubry, Nant, Adrissans, Vithorey, Bonnal, Citey, etc.; gouverneur de Clerval et de Passavant, sergent-major du terce du comté de Laverne, commandant de Dole, député de la noblesse, marié 1.° à Claudine de Pillot, 2.° à Marguerite de Crosey, reçu en 1648, mort en 1669; quartiers : 1 Moustier, 2 Aubonne, 3 Crosey, 4 Ronchaux.

673. Messire Charles-Emmanuel de Gorrevod, marquis de Marnay, baron de Corcondray, Liesle, etc., chanoine, haut doyen de l'église métropolitaine, venait d'être élu à l'archevêché de cette ville lorsqu'il mourut; reçu en 1649,

mort en 1659; quartiers : 1 Gorrevod, 1 La Baume-Montrevel, 3 Bourgogne, 4 Longueval.

674. Messire Emmanuel-Philibert de Vaudrey, commandeur de l'ordre de Saint-Jean de Jérusalem, reçu en 1649, mort en 1683; quartiers : 1 Vaudrey, 2 Présentevillers, 3 Meligny, 4 Vaudrey.

675. Messire Jean-Charles du Tartre, baron et seigneur de Vincelle, Chilly, gentilhomme de la maison du roi, et commissaire général des troupes de S. M. C. au comté de Bourgogne, reçu en 1649, mort en 1650; quartiers : 1 du Tartre, 2 Salives, 3 Chissey, 4 Chauvirey.

676. Messire Claude-Louis de Faletans, seigneur de Thieffrans, Busy, Larnoz, commissaire et quartier-maître général des montres d'armes pour le service de S. M. C., marié 1.º à Françoise d'Iselin, 2.º à Marguerite-Suzanne de Laubespin, reçu en 1649, gouverneur de l'ordre en 1679, mort en 1700; quartiers : 1 Faletans, 2 Saint-Mauris-en-Montagne, 3 Jouffroy, 4 Jouffroy.

677. Messire Philippe de La Baulme-Saint-Amour, seigneur du Perey, baron de Beaujeu et de Saint-Loup, marquis d'Yenne, bailli d'Aval, colonel d'un régiment allemand, capitaine de chevau-légers, sergent général de bataille pour le service de S. M. C., gouverneur du comté de Bourgogne, reçu en 1650, mort en 1688, portait de Bruges, écartelé de Perrenot, et sur le tout de La Baulme; quartiers : 1 La Baulme, 2 Bruges, 3 Perrenot, 4 Berkem.

678. Messire Jean-Baptiste de Gilley, souverain seigneur de Franquemont, baron de Marnoz et du Saint-Empire, seigneur de Vy, Fresse, Vuillaffans, marié à Suzanne du Châtelet, reçu en 1650, mort en 1698, portait d'argent au chêne arraché de sinople; quartiers : 1 Gilley, 2 Aubonne, 3 Vaudrey, 4 Meligny.

679. Messire Jean-Antide de Montagu, baron de Boutavent, marié à Isabelle de Précipiano, reçu en 1650, mort en 1694; quartiers : 1 Montagu, 2 Bernard-Montessu, 3 Gauthiot, 4 Chasseau.

680. Messire Jean-Baptiste comte de La Tour-Saint-Quentin, capitaine de chevaux pour le service de S. M. C., marié à Catherine de Gouvanal, reçu en 1650, tué au siège d'Arras en 1654; quartiers : 1 La Tour, 2 Bussy, 3 Fussey, 4 Trestondam.

681. Messire Jean de Bressey, reçu en 1650, mort en 1669; quartiers : 1 Bressey, 2 Jouffroy, 3 Thomassin, 4 Faletans.

682. Messire Claude-François d'Iselin, baron du Saint-Empire, colonel de cuirasses pour le service de S. M. Impériale, puis général de bataille, reçu en 1651, mort en 1661, portait de gueules à la fleur de lis d'argent, posée en bande, qui est d'Iselin, écartelé d'Empire, et sur le tout un cartouche d'azur chargé des caractères F. III, le tout par concession de l'Empire pour services rendus; quartiers : 1 Iselin, 2 Branchette, 3 Laubespin, 4 Poitier.

683. Messire Michel de VILLERSLAFAYE, baron de Vaugrenans, Perrenot, marié à Dorothée de Poitier, capitaine de cinquante hommes d'armes, reçu en 1651, mort en 1679, portait d'or à la fasce de gueules; cri, LES FIDELS DE VILLERSLAFAYE; quartiers : 1 Villerslafaye, 2 Brancion, 3 Pontailler, 4 Damas.

684. Messire Ardouin d'AMANDRE, capitaine au régiment de Précipiano, comte de Soye, marié 1.º à Marie de Villeneuve, 2.º à Marguerite de la Provenchère, reçu en 1651, mort en 1674; quartiers : 1 Amandre, 2 Chassey, 3 La Tour-Saint-Quentin, 4 Bussy.

685. Messire Catherin de MARNIX, baron de Crilla, ancienne maison originaire de Savoie, reçu en 1651, mort en 1667, portait d'azur à la bande d'argent, accompagnée de deux étoiles d'or; quartiers : 1 Marnix, 2 Bonnière, 3 Gaillard, 4 Gilley.

686. Messire Pierre du PIN, seigneur de Chariez, reçu en 1651, mort en 1692, portait d'argent à la fasce de gueules, chargée d'un lion naissant d'or; quartiers : 1 du Pin, 2 Bussy, 3 Chavirey, 4 Ferlin.

687. Messire Thomas de LEZET, marié à Isabelle de Vichy, reçu en 1651, mort en 1680 ; quartiers : 1 Lezet, 2 Azuel, 3 Chavirey, 4 Coinctet.

688. Messire Frédéric de CHAVIREY, seigneur de Recologne, reçu en 1651, mort en 1683, portait

d'azur à la fasce d'or, chargé d'un lion passant de sable, accompagné de trois feuilles de chêne d'argent; quartiers : 1 Chavirey, 2 Coinctet, 3 Scey, 4 Chastenay.

689. Messire Jean-Baptiste de Saint-Maurice-le-Muid, commandeur de l'ordre de Saint-Jean de Jérusalem, colonel d'un terce bourguignon, gouverneur de Salins, reçu en 1651, mort en 1666; quartiers : 1 Saint-Maurice, 2 Bouton, 3 Pontailler, 4 Plaine.

690. Messire Henri de Champagne, seigneur dudit lieu, La Barre, Nenon, colonel d'un régiment de mille hommes, à la tête duquel il se distingua en nombre d'occasions d'une manière remarquable à l'époque de la conquête de la province, sergent général de bataille, gouverneur d'Ornans, marié à Dorothée de Fussey, reçu en 1651, mort en 1662; quartiers : 1 Champagne, 2 Beaujeu, 3 Saint-Maurice-le-Muid, 4 Pontailler.

691. Messire Emmanuel-Philibert de Fouchier, reçu en 1651, mort en 1667; quartiers : 1 Fouchier, 2 du Vernois, 3 Vautravers, 4 La Chambre.

692. Messire Ferdinand-Eléonore de Poitier, substitué au nom et armes de Rye, comte de Saint-Vallier, marquis de Varambou, mestre de camp d'un terce bourguignon, chevalier d'honneur au parlement de Dole, marié à Jeanne-Philipine de Rye, reçu en 1652, mort en 1664, portait d'azur à six besans d'argent, 3, 2 et 1 au chef d'or, qui

est de Poitier, écartelé de Rye; quartiers : 1 Poitier, 2 Rye, 3 Rye, 4 Tournon.

693. Messire Ferdinand-François-Just de Rye, marquis de Varambon, marié à Marie-Henriette de Cusance, reçu en 1652, mort en 1658; quartiers : 1 Rye, 2 Chabot, 3 Haraucourt, 4 Ardres.

694. Messire Claude-Antoine du Tartre, baron de Laubespin, avait servi long-temps S. M. C., puis fut capitaine d'infanterie au régiment de Bourgogne après la conquête de la province; reçu en 1652, mort en 1705, portait du Tartre, écartelé de Laubespin; quartiers : 1 du Tartre, 2 Chissey, 3 Laubespin, 4 Oiselet.

695. Messire Marc-Antoine d'Orsans, reçu en 1652, mort la même année; quartiers : 1 Orsans, 2 Lullier, 3 Clairon, 4 Plaisant.

696. Messire Jean-Claude de Chaffoy, seigneur d'Anjoux, reçu en 1652, mort en 1666, portait losangé d'or et d'azur à la fasce d'argent sur le tout; quartiers : 1 Chaffoy, 2 Scey, 3 Grachaux, 4 Jouffroy.

697. Messire Jean de Raincour, seigneur de Bremondans et Falon, marié à Marceline du Tartre, reçu en 1652, mort en 1661; quartiers : 1 Raincour, 2 Tauchard, 3 Maisière, 4 Cambaron.

698. Messire Philippe-Guillaume de Montrichard, gouverneur de Nozeroy, marié à Charlotte Maréchal de Bouclans, reçu en 1652, mort en 1688; quartiers : 1 Montrichard, 2 Vauchard, 3 Trieste, 4 Glines.

699. Messire Antoine-François de CROSEY, seigneur dudit lieu, marié à Perronne de Ronchaux, reçu en 1653, mort en 1668, portait d'argent, à l'ours menaçant de sable ; devise, JE TERRASSE QUI M'AGACE ; quartiers : 1 Crosey, 2 Moustier, 3 Allemand, 4 Saint-Mauris-en-Montagne.

700. Messire Gaspard de BLICTERSWICH, baron de Melisey et Montclef, Vregille, Boulot, commandant d'un quartier de la province, marié à Marguerite de Mantoche, reçu en 1653, mort en 1692 ; quartiers : 1 Blicterswich, 2 Friant, 3 Constable, 4 Saint-Maurice-le-Muid.

701. Messire Charles-François de LA BAULME, baron de Montmirail, comte de Saint-Amour, marquis de Saint-Denis, colonel du régiment de Bourgogne, gouverneur de Dole, reçu en 1654, mort en 1713 ; quartiers : 1 La Baulme, 2 Perrenot, 3 Porcelet, 4 Cernay.

702. Messire Claude d'ACHEY, seigneur de Thoraise, marié à Aimée de Refuge, reçu en 1654, mort en 1699, écartelait ses armes de celles de Bauffremont ; quartiers : 1 Achey, 2 Bauffremont, 3 Scey, 4 Poligny.

703. Messire Jean-Claude de POLIGNY, seigneur d'Ogeat et Evans, marié à Anne d'Orsans, reçu en 1654, mort en 1666 ; quartiers : 1 Poligny, 2 Montrichard, 3 Poligny, 4 Dupin.

704. Messire Melchior de GRACHAUX, seigneur de Raucourt, reçu en 1654, mort en 1683 ; quar-

tiers : 1 Grachaux, 2 Jouffroy, 3 Beaujeu, 4 Vaivre.   1654

705. Messire Jean-Baptiste comte de Scey, seigneur de Buthier, Pin, etc., capitaine d'une compagnie de cent cuirasses pour le service de S. M. C., gentilhomme de la chambre du duc d'Orléans, colonel du régiment d'Amont, mestre de camp d'un terce d'infanterie bourguignone, et gouverneur d'Alguaire, reçu en 1654, mort en 1678; quartiers : 1 Scey, 2 Poligny, 3 Chastenay, 4 Senailly.

706. Messire Jean-Claude de Beaujeu, seigneur de Montot et Aroz, marié à Jeanne-Louise de Grammont, reçu en 1654, mort en 1685; quartiers : 1 Beaujeu, 2 Vaivre, 3 Guerche, 4 Groson.

707. Messire Antoine-François de Jouffroy-La Vaivre, chanoine à Saint-Claude, reçu en 1654, mort en 1674; quartiers : 1 Jouffroy, 2 La Tour, 3 Mathay, 4 Byans.

708. Messire François de Jouffroy-Gonsans, abbé de Theuley, reçu en 1654, mort en 1656; quartiers : 1 Jouffroy, 2 La Tour, 3 Jouffroy, 4 Occors.

709. Messire Thomas de Moustier, seigneur de Bermont, capitaine de deux cents fusiliers en Espagne, marié à Antoinette de Reculot, reçu en 1654, mort en 1703; quartiers : 1 Moustier, 2 Pra, 3 Vy, 4 Chassey.

710. Messire Christophe de Culz, seigneur de Cem-

boing, reçu en 1654, mort en 1661; quartiers:
1 Culz, 2 Culz, 3 Champagne, 4 Beaujeu.

711. Messire Adam comte de LAVERNE, seigneur de Courcelle, Laverne, Vellechevreux, colonel, puis officier général au service d'Espagne, reçu en 1654, mort en 1681, portait de gueules au lambel à deux pendans d'or; quartiers: 1 Laverne, 2 du Tartre, 3 Saint-Mauris-Châtenois, 4 Vuillaffans.

172. Messire Adrien comte de LALLEMAND, seigneur de Bellemont, Augerans, colonel et adjudant général de cavalerie, commandant de Dole et de Nozeroy, marié à Elisabeth de Choiseul-d'Aigremont, désigné comme capitaine de grande expérience, s'étant signalé en diverses occasions lors de la conquête de la province; reçu en 1654, mort en 1657; quartiers: 1 Lallemand, 2 Mailly, 3 Chaffoy, 4 Scey.

713. Messire Gaspard de MARNIX, baron de Crilla, reçu en 1654, mort en 1671; quartiers: 1 Marnix, 2 Gaillard, 3 Lezet, 4 Azuel.

714. Messire François de TRESTONDAM, seigneur de Saulcour, reçu en 1654, mort en 1699, portait d'azur à trois chevrons d'or mis en bandes, entre deux bâtons de même; quartiers: 1 Trestondam, 2 Desloges, 3 Mandre, 4 Brunecoff.

715. Messire Philippe-Eugène d'ACHEY, baron de Thoraise, marié 1.° à Angélique de La Chambre, 2.° à Charlotte de Neufchâtel, reçu en 1655,

mort en 1671; quartiers : 1 Achey, 2 Perrenot, 3 Vienne, 4 Châteauvieux.

716. Messire Claude-Louis-Ferdinand d'ANDELOT, seigneur de Tromarey, marié à N.... de Poligny, reçu en 1655, mort des blessures qu'il reçut au siége de Besançon en 1674; quartiers : 1 Andelot, 2 Ballay, 3 Grammont, 4 Andelot.

717. Messire François de VERS-MERCERET, seigneur de Vaudrey, reçu en 1655, mort en 1684, portait d'or au sautoir d'azur, chargé en cœur d'une coquille d'or; quartiers : 1 Vers, 2 Huot, 3 Reculot, 4 Montmoret.

718. Messire Claude-François comte de LALLEMAND, baron de Lavigny, Vaîte, capitaine de cent cinquante arquebusiers, et mestre de camp en Espagne, gouverneur de Faucogney, marié à Anne-Alexandrine de Coinctet, reçu en 1656, mort en 1671; quartiers : 1 Lallemand, 2 Chaffoy, 3 Oiselet, 4 Oiselet.

719. Messire Ferdinand de VIZEMAL, gouverneur du Fort-Saint-Anne, reçu en 1656, mort en 1713, portait de Vizemal, écartelé de Falerans; quartiers : 1 Vizemal, 2 Andelot, 3 Longeville, 4 Lequisier.

720. Messire Jerôme-Balthasard de CULZ, baron de Cemboing, lieutenant-colonel pour le service de S. M. C., reçu en 1657, mort en 1704; quartiers : 1 Culz, 2 Grammont, 3 Meligny, 4 Vaudrey.

721. Messire Antoine de MARENCHE, d'une ancienne

1655.

maison originaire de Piémont, marié à Vandeline de Saint-Mauris-en-Montagne, reçu en 1657, mort en 1696, portait d'azur au lion d'or, à trois bâtons de sable posés en bande sur le tout; quartiers : 1 Marenche, 2 Boutechoux, 3 Longeville, 4 Lequisier.

722. Messire Jean-Claude de Chassagne, reçu en 1657, mort en 1689, portait d'argent à trois bandes de sable, écartelé d'argent à trois quintefeuilles percées de sable; quartiers: 1 Chassagne, 2 Saint-Maurice-le-Muid, 3 Montrichard, 4 Vaudrey.

723. Messire Claude de Vesoul, baron et seigneur de Raincour, Pierrefontaine, etc., colonel pour le service du duc de Lorraine, ensuite de S. M. C., qui se distingua également dans le militaire et dans les négociations, marié à Claudine de Saint-Mauris-Crilla, fille de Mathieu et de Catherine l'Escot, reçu en 1659, mort en 1693; quartiers : 1 Vesoul, 2 Meligny, 3 Saint-Belin, 4 Raincour.

724. Messire Philippe-Emmanuel de Montfort, reçu en 1661, mort en 1683, portait palé d'azur et d'or de six pièces; quartiers : 1 Montfort, 2 Thoire, 3 Beaujeu, 5 Guerche.

725. Messire François de Saint-Mauris, baron de Châtenois et de la Villeneuve, seigneur de Lambrey, Sainte-Marie et dépendances, marié à Hermeline comtesse d'Oyembrughes-Duras, chanoinesse de Maubeuge, général-major de

bataille, commandant au comté de Bourgogne, mestre de camp d'un terce de deux mille Bourguignons et d'un corps de dragons, député vers le souverain pour concerter des moyens de défense pour la Province.

Déjà criblé de blessures dans divers combats, il se signala de nouveau par une valeur, un zèle et une fidélité remarquables lors de l'invasion des Français et durant tout le siége de Besançon, notamment à la tête d'une brillante sortie, où il eut un cheval tué sous lui, au siége de Poligny, où il fut encore blessé grièvement à la tête de son régiment, etc., etc., etc. Reçu en 1662, mort en 1681; quartiers : 1 Saint-Mauris, 2 Vuillaffans, 3 Coinctet, 4 La Tour-Saint-Quentin.

726. Messire Ferdinand-Mathieu de Saint-Mauris-Crilla, baron de Choye, etc., chevalier de l'ordre de Saint-Jacques, général de l'armée de S. M. C. dans le duché de Mantoue, commandant de Besançon à l'époque du siége de cette ville, où il donna de grandes preuves de courage, de talent et d'activité, marié à Claudine de Séroz, reçu en 1662, mort en 1689; quartiers : 1 Saint-Mauris, 2 Thuillière, 3 l'Escot, 4 Dulyon.

727. Messire Antoine-François de Crosey, reçu en 1663, se fit capucin en 1671; quartiers : 1 Crosey, 2 Allemand, 3 Ronchaux, 4 Vaux.

728. Messire Jean-Claude de La Tour-Saint-Quentin, seigneur de Remeton, Ecrille, reçu en 1663,

1662.

mort en 1672; quartiers : 1 La Tour, 2 Gilley, 3 Emskerke, 4 La Tour.

729. Messire Jean-Baptiste d'EMSKERKE, seigneur d'Antorpe, reçu en 1664, mort en 1693, portait d'azur à trois harengs d'argent couronnés d'or et mis en fasce l'un sur l'autre ; cette famille prit quelquefois le nom d'Anvers, parce qu'elle était originaire de cette ville; quartiers : 1 Emskerke, 2 La Tour-Saint-Quentin, 3 Grachaux, 4 Beaujeu.

730. Messire Antide de CONSTABLE, d'une ancienne maison de Suisse, avait servi dans les armées de S. M. C. jusqu'à la conquête de la province; marié à N.... de Jouffroy d'Uxel, reçu en 1664, mort en 1711, portait d'or à la levrette rampante de sable, colletée d'or; quartiers : 1 Constable, 2 La Roche, 3 Emskerke, 4 La Tour-Saint-Quentin.

731. Messire Jean-Claude comte de SCEY, baron de Chevroz, seigneur de Buthier, Pin, Beaumotte, lieutenant général de la cavalerie de S. M. C. en Catalogne, marié à Albertine de Blicterswich, reçu en 1664, mort en 1713; quartiers : 1 Scey, 2 Poligny, 3 Pillot, 4 Visemal.

732. Messire Louis de SCEY, capitaine de cavalerie pour le service de S. M. C., ensuite mestre de camp et brigadier des armées du roi, marié à Anne-Éléonore de Thomassin, reçu en 1664, mort en 1682; quartiers : 1 Scey, 2 Poligny, 3 Pillot, 4 Visemal.

753. Messire Claude-Paul de Bauffremont, chevalier 1664. d'honneur au parlement de Dole, grand bailli d'Aval, colonel d'infanterie et de dragons, reçu en 1664, mort de ses blessures en 1674; quartiers: 1 Bauffremont, 2 Poligny, 3 Bauffremont, 4 Rye.

754. Messire Thomas de Vy, marié à Adrienne de Beaujeu, puis jésuite, reçu en 1665, mort en 1697; quartiers: 1 Vy, 2 Chassey, 3 Mugans, 4 La Tour-Saint-Quentin.

755. Messire Ferdinand d'Iselin, baron de Lanans et du Saint-Empire, marié à Péronne-Alexandrine de Grammont, reçu en 1665, mort en 1697; quartiers: 1 Iselin, 2 Laubespin, 3 Desfourgs, 4 Augny.

736. Messire Claude-Marie Dupin, baron de Joussau, avait servi S. M. C. jusqu'à la conquête de la province, reçu en 1667, mort en 1723; quartiers : 1 Dupin, 2 Chavirey, 3 Montrichard, 4 Trieste.

737. Messire Joseph-Jofroy de Jouffroy, seigneur d'Aban, Villars, Saint-George, marié à Agnès de Pouthier, reçu en 1669, mort en 1736; quartiers : 1 Jouffroy, 2 Jouffroy, 3 Chassagne, 4 Bougne.

738. Messire Claude-Joseph de Salives, seigneur de Geneyrey, capitaine de dragons au régiment de Listenois, marié à Marie-Anne de Vaudrey, reçu en 1670, mort en 1709; quartiers: 1 Salives, 2 Oiselet, 3 Cluny, 4 Pracontal.

739. Messire Jean-Claude du LOUVEROT, seigneur de Rambey, baron du Pin, reçu en 1671, mort en 1708; quartiers : 1 du Louverot, 2 Chissey, 3 Villey, 4 Charreton-Chassey.

740. Messire François-Elion d'ANDELOT, capitaine de chevau-légers pour le service du roi, reçu en 1671, mort en 1674; quartiers : 1 Andelot, 2 Ballay, 3 Grammont, 4 Andelot.

741. Messire Claude de VILLERSLAFAYE, baron de Vaugrenans, reçu en 1671, mort en 1701; quartiers : 1 Villerslafaye, 2 Pontailler, 3 Poitier, 4 Rye.

742. Messire Gabriel de BELOT, seigneur de Chevigney, avait servi dans le régiment de Parabère cavalerie, reçu en 1672, mort en 1699, portait d'azur à trois losanges d'argent, posées 2 et 1 au lambel à trois pendans d'or en chef; quartiers : 1 Belot, 2 Stalberg, 3 Montrichard, 4 Montrichard.

743. Messire Jean-Gabriel comte de GRAMMONT-Boutavent, reçu en 1673, mort en 1674; quartiers : 1 Grammont, 2 Andelot, 3 du Châtelet, 4 Lenoncourt.

744. Messire Prosper-Ambroise de PRÉCIPIANO, comte de Soye, d'une illustre maison originaire de Gênes, général de bataille, mestre de camp, gouverneur de la citadelle de Besançon, lieutenant pour le roi, et gouverneur de Luxembourg, lieutenant-général des armées de S. M. C.,

marié à Marie de Scrinchamp-Chomfeld, dame
d'atour de la reine de Pologne; reçu en 1673,
mort en 1706, portait de gueules à l'épée d'argent
posée en fasce, à poignée d'or; devise, Dieu et
mon épée; quartiers : 1 Précipiano, 2 Mandre,
3 Montrichard, 4 Lullier.

1673.

745. Messire François-Gabriel de Jouffroy, seigneur
de Gonsans, capitaine dans le terce du baron de
Précipiano, marié à Martine de Saint-Mauris-
Châtenois, reçu en 1673, mort en 1708; quar-
tiers : 1 Jouffroy, 2 Jouffroy, 3 Reuthener, 4
Précipiano.

746. Messire Charles de Champagne, seigneur de
Chilley, Nenon, Champagne, Germigney, gouverneur d'Ornans, marié à Anne-Gasparine de
Grivel, reçu en 1674, mort en 1701; quartiers:
1 Champagne, 2 Saint-Maurice-le-Muid, 3 Fussey, 4 Chissey.

747. Messire Claude-Ferdinand de Wiltz, reçu en
1674, mort la même année, portait d'or au chef
de gueules; quartiers : 1 Wiltz, 2 Bayerbopart,
3 Andelot, 4 Laubespin.

748. Messire François-Hyacinthe de Lannoy, reçu
en 1674, mort en 1725; quartiers : 1 Lannoy,
2 Le Vasseur de Guernoval, 3 Ougnies, 4 Ligne.

749. Messire Frédéric-Eléonore marquis de Poitier,
brigadier des armées du roi, marié à Catherine
de Grammont-La-Roche, reçu en 1679, gouverneur de l'ordre en 1705, mort en 1713; quartiers : 1 Poitier, 2 Rye, 3 Rye, 4 Ostfrise.

750. Messire François de VILLERSLAFAYE, marquis de Vaugrenans, colonel d'infanterie pour le service du roi, son ambassadeur extraordinaire plénipotentiaire et chevalier de ses ordres, reçu en 1679, mort en 1708; quartiers : 1 Villerslafaye, 2 Pontailler, 3 Poitier, 4 Rye.

751. Messire Jacques-Nicolas de MOUSTIER, baron d'Igny, seigneur de Nant, Cubry, Bonnal, Puessans, Adrissans, Citey, marié à Catherine de Pra, reçu en 1679, mort en 1690; quartiers : 1 Moustier, 2 Pra, 3 Pillot, 4 Lallemand.

752. Messire Claude-Nicolas comte de MOUSTIER, seigneur de Nant, Cubry, capitaine de dragons au régiment de Grammont, marié à Marie-Agnès comtesse de Nassau-Orange, chanoinesse d'Andenne; reçu en 1679, mort en 1738; quartiers : 1 Moustier, 2 Pra, 3 Crosey, 4 Ronchaux.

753. Messire Nicolas-Joseph comte de VAUDREY, capitaine de cavalerie, marié 1.° à N.... d'Andelot, 2.° à Charlotte de Rotembourg, reçu en 1679, mort en 1732; quartiers : 1 Vaudrey, 2 Salives, 3 Beaujeu, 4 Grammont.

754. Messire Benigne-François du TARTRE, officier au régiment de Bourgogne, reçu en 1679, mort en 1702; quartiers : 1 du Tartre, 2 Chissey, 3 Laubespin, 4 Oiselet.

755. Messire Guillaume marquis de RAINCOUR, seigneur de Falon, Brémondam, Leugney, capitaine de cavalerie au régiment de Saint-Mauris,

marié à Dorothée de Champagne, reçu en 1679, mort en 1734; quartiers : 1 Raincour, 2 Maizières, 3 du Tartre, 4 Salins-Vincelles.

756. Messire Philippe-Joseph marquis de Faletans, seigneur de Thieffrans, Busy, Fontenelle, capitaine de cuirassiers, marié à Jeanne-Baptiste de Froissard-de-Broissia, reçu en 1679, mort en 1726; quartiers : 1 Faletans, 2 Jouffroy, 3 Iselin, 4 Laubespin.

757. Messire Ferdinand de Faletans, capitaine d'infanterie dans le terce du comte de Grammont, reçu en 1679, mort en 1687; quartiers : 1 Faletans, 2 Jouffroy, 3 Iselin, 4 Laubespin.

758. Messire Jean-François de Lavier, seigneur de Calmoutier, lieutenant-colonel d'infanterie, puis de dragons, reçu en 1679, mort en 1708, portait d'azur à la fasce d'argent; quartiers : 1 Lavier, 2 Le Doux, 3 Prevost, 4 Mathay.

759. Messire Humbert-Joseph comte de Précipiano, baron de Soye, seigneur de Gondenans, Cuze, capitaine de cavalerie au régiment de Saint-Mauris, marié à Jeanne-Claude de Saint-Mauris-Chatenois, chanoinesse de Remiremont; reçu en 1679, mort en 1739; quartiers : 1 Précipiano, 2 Moustier, 3 Marnix, 4 Lezet.

760. Messire Claude-Denis de Crosey, chanoine de Baume, reçu en 1680, mort en 1691; quartiers : 1 Crosey, 2 Allemand, 3 Ronchaux, 4 Vaux.

761. Messire Jean-Simon de Rosières, marquis de

Sorans, colonel de cavalerie pour le service du roi, chevalier de Saint-Louis, marié à Jeanne-Baptiste de Hennin-Liétard, reçu en 1680, mort en 1735; quartiers : 1 Rosières, 2 Lallemand, 3 Froissard, 4 du Moulin.

762. Messire Charles-Humbert de VERS-MERCERET, seigneur de Vaudrey, reçu en 1680, mort en 1704; quartiers : 1 Vers, 2 Reculot, 3 du Saix, 4 Morel.

763. Messire Pierre-Joseph du SAIX, baron de Virchatel, seigneur d'Ornans-la-Villette, marié à N..... de Trestondam, reçu en 1681, mort en 1732, portait écartelé d'or et de gueules; quartiers : 1 du Saix, 2 Morel, 3 Lyobard, 4 Rochette.

764. Messire Charles-Emmanuel comte de SAINT-MAURIS, baron de Chatenois, La Villeneuve, Saulx et dépendances, marié à Françoise comtesse de Ligniville, chanoinesse d'Epinal; major général et maréchal général des logis, puis maréchal des camps et armées du roi T. C., et inspecteur général de sa cavalerie, chevalier de Saint-Louis; reçu en 1681, mort en 1719; quartiers : 1 Saint-Mauris, 2 Coïnctet, 3 Oyembrughes, 4 Berloo.

765. Messire Jean-Simon de SAINT-MAURICE-LE-MUID, seigneur d'Augerans et de Verge, marié à Anne de Saint-Martin, reçu en 1682, mort en 1720; quartiers : 1 Saint-Maurice, 2 Froissard, 3 Montrichard, 4 Chavirey.

766. Messire Jean-Claude-Joseph de Froissard, marquis de Broissia, avait levé en différens temps trois compagnies de cavalerie, ensuite fut major du régiment de Saint-Mauris cavalerie; portait d'azur au cerf passant d'or; reçu en 1682, mort en 1750; quartiers : 1 Froissard, 2 du Moulin, 3 Poligny, 4 Oiselet.

767. Messire Philippe-Joseph de Moustier, chanoine de Saint-Claude, et chambellan du chapitre; reçu en 1682, mort en 1713; quartiers : 1 Moustier, 2 Pra, 3 Pillot, 4 Lallemand.

768. Messire Jean-Baptiste de Chavirey, grand chambrier du chapitre de Gigny, reçu en 1683, mort en 1719; quartiers : 1 Chavirey, 2 Coinctet, 3 Scey, 4 Chastenay.

769. Messire Philippe-Eléonore de Belot-Villette, grand prieur de Gigny, reçu en 1685, mort en 1705, portait d'azur à trois losanges d'argent, au chef bastillé de trois pièces d'or; quartiers : 1 Belot, 2 Franchet, 3 Moustier, 4 Pra.

770. Messire Jean-Baptiste de Constable, seigneur de Say, officier au régiment de Frontenay dragons, jusqu'à la paix de Riswick; reçu en 1685, mort en 1718; quartiers : 1 Constable, 2 Emskerke, 3 Romanet, 4 Pilla.

771. Messire Jacques-Antoine de Belot, seigneur de Villette, Olans, reçu en 1686, mort en 1712; quartiers : 1 Belot, 2 Franchet, 3 Moustier, 4 Pra.

772. Messire Alexandre de BELOT, seigneur de Chevigney, reçu en 1687, mort en 1699; quartiers : 1 Belot, 2 Bertin, 3 Stalbert, 4 Bruch.

773. Messire Claude-François de FRANCHET-D'ESTAVAYER, chanoine de Saint-Claude, reçu en 1688, mort en 1732, portait d'azur à la tête et encolure de cheval d'argent; quartiers : 1 Franchet, 2 Vaillier, 3 Raincour, 4 du Tartre.

774. Messire Antoine-Pierre de SAINT-MAURIS-CHATENOY, commandeur de l'ordre de Saint-Jean de Jérusalem, colonel d'un régiment de cavalerie de son nom au service de France, chevalier de l'ordre de Saint-Louis pour blessures et services distingués, reçu en 1692, mort en 1707; quartiers : 1 Saint-Mauris, 2 Coinctet, 3 Oyembrughes-Duras, 4 Berloo.

775. Messire Jean-Baptiste de PRÉCIPIANO, comte de Soye, baron et seigneur de Cuze, Gondenans, Cubrial, capitaine de cavalerie au régiment de Saint-Mauris, reçu en 1692, mort en 1742; quartiers : 1 Précipiano, 2 Moustier, 3 Marnix, 4 Lezet.

776. Messire Ferdinand-François de BELOT, seigneur de Chevigney, etc., capitaine d'infanterie jusqu'à la paix de Riswich, reçu en 1694, mort en 1742; quartiers : 1 Belot, 2 Stalberg, 3 Montrichard, 4 Montrichard.

777. Messire Charles-Antoine de LA BAUME-MONTREVEL, marquis de Saint-Martin, baron de Pesmes,

Montmartin, etc., capitaine de cavalerie au régiment royal, reçu en 1695, mort en 1745; quartiers : 1 La Baume, 2 Agoust, 3 Trasignies, 4 Lalin.

778. Messire François Dupin, doyen de Baume, reçu en 1695, mort en 1718; quartiers : 1 Dupin, 2 Chavirey, 3 Montrichard, 4 Trieste.

779. Messire Charles-Baptiste comte de Lallemand, d'abord chanoine de Saint-Claude, puis baron de Vaîte, seigneur de Mathay, Roye, marié à Olympe-Hippolyte comtesse d'Arberg-Valengin, reçu en 1696, mort en 1730, écartelait d'Oiselet; quartiers : 1 Lallemand, 2 Oiselet, 3 Coinctet, 4 Chaffoy.

780. Messire Claude-François du Louverot, baron Dupin, capitaine d'infanterie pour le service de S. M. C. jusqu'à la conquête de la province, fut reçu en 1696, mort en 1717; quartiers : 1 du Louverot, 2 Villey, 3 Risse, 4 Candie.

781. Messire Antoine-Joseph du Tartre, baron de Laubespin, seigneur de Chilly, capitaine d'infanterie au régiment de Tournon, blessé au siége de Conis, reçu en 1697, mort en 1709; quartiers : 1 du Tartre, 2 Laubespin, 3 Salives, 4 Cluny.

782. Nicolas-Jean-Baptiste comte de Montrichard, grand gruyer général du comté de Bourgogne, major d'infanterie, gouverneur de Nozeroy, marié à Suzanne de Visemal en 1697, reçu en 1697; quartiers : 1 Montrichard, 2 Trieste, 3 Maréchal, 4 Despotots.

783. Messire Thomas de LALLEMAND, chanoine de Gigny, reçu en 1698, mort en 1726; quartiers: 1 Lallemand, 2 Oiselet, 3 Coinctet, 4 Chaffoy.

784. Messire Jean-Jacques-Ignace-Bonaventure de FROISSARD-BROISSIA, chanoine, grand-chantre de la métropole de Besançon, prieur de Vaux, reçu en 1699, mort en 1712; quartiers : 1 Froissard, 2 du Moulin, 3 Poligny, 4 Oiselet.

785. Messire Philibert-François de BELOT, marquis de Villette, capitaine de dragons au régiment de Grammont, reçu en 1699, mort en 1710; quartiers : 1 Belot, 2 Moustier, 3 Seyturier, 4 La Roche.

786. Messire Charles - César marquis de SAINT-MAURIS, seigneur de Saint-Mauris-en-Montagne, Cour, Sancey, Fleurey, Rainans, lieutenant-général des armées du roi, commandeur de son ordre de Saint-Louis, inspecteur général de toute sa cavalerie, commandant de sa province d'Alsace, gouverneur des deux Brisachs, colonel d'un régiment de cavalerie de son nom, mort âgé de 50 ans, trop tôt pour jouir des premiers honneurs militaires que semblaient lui présager sa haute réputation militaire, et la bienveillance dont l'honorait Louis XIV, constatée par nombre de lettres *autographes existantes* des ducs de Bourbon, prince de Conti, et maréchaux de Talard, de Catinat, de la Feuillade et autres, qui attestent comme notoire que c'est à sa valeur

et ses habiles manœuvres que l'on dut les victoires de Friedlingen, de Spire, et du siège de Landau.

La ville de Dole lui dut, entre autres avantages, celui de l'établissement de sa belle promenade appelée dès-lors le Cours-Saint-Mauris; reçu en 1700, élu gouverneur de l'ordre en 1701, mort en 1704; son écusson portait huit quartiers, (peut-être parce que c'étaient des lignes allemandes) : 1 Saint-Mauris, 2 Aroz, 3 Poligny, 4 Montrichard, 5 Sibricht, 6 Spanheim, 7 Breitcheidts, 8 Daun.

787. Messire Jean-Ignace-François de FROISSARD, marquis de Broissia, chevalier d'honneur au parlement de Besançon, colonel d'un régiment d'infanterie, mort colonel de dragons, reçu en 1700, mort en 1711; quartiers : 1 Froissard, 2 du Moulin, 3 Thon, 4 Culz.

788. Messire Eléonore-Benigne du PASQUIER-LA-VILLETTE, reçu en 1700, mort en 1761; portait d'azur à la bande engrêlée d'or, accompagnée de deux croisettes recroisetées au pied fiché de même; quartiers : 1 du Pasquier, 2 Morel, 3 Belot, 4 Moustier.

789. Messire Philibert-Eléonore-Joseph de MARNIX, baron de Crilla, avait servi 30 ans dans les armées de S. M. C., reçu en 1701, mort en 1728; quartiers : 1 Marnix, 2 Gaillard, 3 Culz, 4 Meligny.

790. Messire Joachim-Edme de TRESTONDAM, baron

de Trestondam, capitaine de cavalerie au régiment de Mauroy, reçu en 1701, mort en 1717; quartiers : 1 Trestondam, 2 Villerslafaye, 3 Han, 4 Frasnay.

791. Messire François de Froissard, comte de Velle, capitaine de cavalerie au régiment de Russey, reçu en 1701, mort en 1728; quartiers : 1 Froissard, 2 du Moulin, 3 Poligny, 4 Oiselet.

792. Messire Claude-Joseph de Saint-Mauris-en-Montagne, seigneur dudit lieu, Cour, Sancey, Fleurey, chevalier de l'ordre de Malte, colonel d'un régiment de cavalerie de son nom, à la tête duquel il eut une jambe emportée par un boulet en enlevant une batterie à la bataille de la Marsaille, retiré brigadier des armées du roi et chevalier de Saint-Louis avec pension de 3,000 fr. sur cet ordre, reçu en 1703, mort en 1725; quartiers : 1 Saint-Mauris, 2 Poligny, 3 Sibricht, 4 Breitcheidt.

793. Messire Jean-Gaspard de Visemal, doyen du chapitre de Gigny, reçu en 1703, mort en 1724; quartiers : 1 Visemal, 2 Longeville, 3 Vy, 4 Mugnans.

794. Messire Antoine-Joseph de Lallemand, seigneur de Belmont, reçu en 1704, mort en 1706; quartiers : 1 Lallemand, 2 Choiseul, 3 Rahon, 4 Bachelier.

795. Messire Laurent-Emmanuel de Visemal, comte de Frontenay, colonel de dragons pour

le service du roi, reçu en 1705, mort la même année; quartiers : 1 Visemal, 2 Longeville, 3 Vy, 4 Mugnans.

796. Messire Eléonore-Hyacinthe de BELOT-LARIANS, grand prieur de Gigny, reçu en 1705, mort en 1751; quartiers : 1 Belot, 2 Moustier, 3 Seyturier, 4 La Roche.

797. Messire Antoine-François de ROSIÈRES, marquis de Sorans, grand bailli de Dôle, capitaine de dragons au régiment de Bauffremont, reçu en 1707, mort en 1749; quartiers : 1 Rosières, 2 Froissard, 3 Henin-Liétard, 4 Gaunes.

798. Messire Louis de TOURNON, colonel d'infanterie, ensuite de dragons, reçu en 1707, mort en 1718, portait d'azur à trois tours d'argent; quartiers : 1 Tournon, 2 Vigoureux, 3 Montrichard, 4 Trieste.

799. Messire George de TOURNON, chanoine de Gigny, reçu en 1707, mort en 1720; quartiers : 1 Tournon, 2 Vigoureux, 3 Montrichard, 4 Trieste.

800. Messire Antide-Marie de PRA, seigneur de Peseux, Ballay-Saulx, gouverneur et grand bailli de Langres, brigadier des armées du roi, marié à Jeanne-Claude Marmier, reçu en 1708, gouverneur de l'ordre en 1725, mort en 1756; quartiers : 1 Pra, 2 Marmier, 3 Choiseul, 4 Nicey.

801. Messire Ferdinand-Joseph comte de POITIER, colonel d'infanterie, marié à Marie-Henriette de

Bourbon-Malauze, reçu en 1708, mort en 1715; quartiers : 1 Poitier, 2 Rye, 3 Anglure, 4 du Chastelet.

802. Messire Claude-Humbert de Lezet, seigneur de Marnésia, etc., lieutenant-colonel d'infanterie, brigadier des armées du roi, commandant de la compagnie des cadets-gentilshommes de Strasbourg, gouverneur de Brest, ensuite de Toulon, marié à Claude-Françoise de Poligny, reçu en 1708, mort en 1732; quartiers : 1 Lezet, 2 Chavirey, 3 Vichy, 4 Culz.

803. Messire Jean-Christien marquis de Watteville, comte de Corvière, lieutenant général des armées du roi, commandeur de l'ordre militaire de Saint-Louis, marié à....., reçu en 1708, gouverneur de l'ordre en 1714, mort en 1724; quartiers : 1 Watteville, 2 Nassau, 3 Bauffremont, 4 Rye.

804. Messire Charles-Emmanuel de Jouffroy, seigneur de Gonsans, Magny, Chatelard et Talnay, capitaine d'infanterie, marié à Antoinette-Marguerite de Poligny, reçu en 1710, mort en 1757; quartiers : 1 Jouffroy, 2 Reuthner, 3 Saint-Mauris-Châtenois, 4 Oyembrughes-Duras.

805. Messire Hyacinthe d'Iselin, baron de Lanans, officier au régiment de Poitier, reçu en 1710, mort en 1746; quartiers : 1 Iselin, 2 Desfourgs, 3 Grammont, 4 Binans.

806. Messire Philibert-Marie-Joseph de Ballay-Ma-

rigna, seigneur de Château-Rouillaud, marié à Nicole d'Aigrefeuille, reçu en 1710; quartiers : 1 Ballay, 2 Marnix, 3 Dupin, 4 Montrichard.

807. Messire Alexandre-Louis de Belot-Chevigney, seigneur de Mont, reçu en 1710, mort en 1724; quartiers : 1 Belot, 2 Stalberg, 3 Montrichard, 4 Montrichard.

808. Messire Claude-François-Eléonore de Saint-Maurice, comte de Montbarey, colonel du régiment de Lorraine, ensuite lieutenant général des armées du roi, marié à Eléonore-Thérèse du Mayne-du-Bourg, reçu en 1712, mort en 1751; quartiers : 1 Saint-Maurice, 2 Watteville, 3 Saint-Mauris-Crilla, 4 Séroz.

809. Messire Charles-Joseph de Mouchet-Battefort, marquis de Laubespin, marié à....., reçu en 1712, mort en 1762, portait de gueules à la fasce d'argent, accompagnée de trois pique-mouchets d'or, qui est de Mouchet, écartelé de gueules à l'épée d'argent posée en pal, au chef cousu d'azur chargé de deux roses d'argent, qui est de Battefort, et sur le tout de Laubespin; quartiers : 1 Mouchet, 2 Nettancourt, 3 Saint-Mauris-Crilla, 4 Séroz.

810. Messire François de Ballay-Marigna, lieutenant colonel de cavalerie, marié à....., reçu en 1712, mort 1745, écartelait de Grachaux; quartiers : 1 Ballay, 2 Franchet, 3 Grachaux, 4 Grivel.

811. Messire Claude de Belot-Villette, chanoine,

grand-trésorier de la métropole de Besançon, reçu en 1713, mort en 1714; quartiers : 1 Belot, 2 Franchet, 3 Moustier, 4 Pra.

812. Messire Thomas de JOUFFROY, marquis de Novillars, marié à Gabrielle de Bressey, reçu en 1714, mort en 1746; quartiers : 1 Jouffroy, 2 Desfourgs, 3 Vesoul, 4 Aroz.

813. Messire François-Alexandre de JOUFFROY, baron d'Uxelle, seigneur de Montmartin, marié à Charlotte de Saint-Ygnon, reçu en 1714, mort en 1763; quartiers : 1 Jouffroy, 2 Lallemand, 3 Montagu-Boutavent, Précipiano.

814. Messire Antoine-François de BLICTERSWICH-MONTCLEF, haut-doyen de la métropole, abbé de Charlieu et Fontenay, évêque d'Autun, archevêque de Besançon, qui laissa à la ville de Besançon des témoignages de sa munificence, notamment l'église et le beau dôme du Refuge, qu'il fonda et fit construire à ses frais, reçu en 1715, mort en 1734; quartiers : 1 Blicterswich, 2 Constable, 3 Mantoche, 4 Bancenel.

815. Messire Hyacinthe de BELOT-CHEVIGNEY, chanoine de la métropole, reçu en 1715, mort en 1757; quartiers : 1 Belot, 2 Stalberg, 3 Montrichard, 4 Montrichard.

816. Messire Claude-Louis comte de SCEY, seigneur de Buthier, Pin, Beaumotte, marié à Charlotte-Nicole de Saint-Maurice-Montbarey, reçu en 1715, mort en 1731; quartiers : 1 Scey, 2 Pillot, 3 Blicterswich, 4 Mantoche.

817. Messire Jean-Antoine de Scey, major du régiment de Bauffremont dragons, reçu en 1715, mort en 1738; quartiers : 1 Scey, 2 Pillot, 3 Blicterswich, 4 Mantoche. — 1715

818. Messire Jean-Claude de Saint-Maurice-le-Muid, seigneur d'Augerans, Verge, capitaine d'infanterie au régiment de Froissard, marié à...., reçu en 1715, mort en 1717; quartiers : 1 Saint-Maurice, 2 Montrichard, 3 Saint-Martin, 4 Dumontet.

819. Messire Henri de Ballay, lieutenant-colonel de cavalerie, reçu en 1716; quartiers : 1 Ballay, 2 Franchet, 3 Moustier, 4 Pra.

820. Messire Charles-François-Ferdinand de La Baume, marquis de Montrevel, colonel du régiment de Rouergue, ensuite mestre de camp de cavalerie; reçu en 1716, mort en 1737; quartiers : 1 La Baume, 2 Trasignies, 3 Poitier, 4 Achey.

821. Messire Frédéric-Eugène comte de La Baume, colonel du régiment de Rouergue, brigadier des armées du roi, marié à....., reçu en 1716, mort en 1735; quartiers : 1 La Baume, 2 Trasignies, 3 Poitier, 4 Achey.

822. Messire Ferdinand-François-Florent marquis du Châtelet, baron et seigneur de Montboillon, Lesmagny, Torpes, colonel d'un régiment d'infanterie, marié à Marie-Emmanuel de Poitier, reçu en 1716, mort en 1756; quartiers : 1 du Châtelet, 2 Haraucourt, 3 Thomassin, 4 Pierrefontaine.

823. Messire Philippe-Paul comte de Crécy, seigneur de Montigny, Chaumergy, marié à Victoire-Aimée de Mornay, reçu en 1718, mort en 1758, portait d'argent au lion rampant de sable, couronné d'or, à la bordure engrêlée de gueules; quartiers : 1 Crécy, 2 Laborey, 3 Ballay, 4 Marnix.

824. Messire Laurent-Gabriel de Montrichard, marquis de Frontenay, seigneur de Saint-Martin, Blandans, Voiteur, marié à Catherine-Paule de Jaucourt, reçu en 1720, mort en 1768, écartelait de Visemal; quartiers : 1 Montrichard, 2 Maréchal, 3 Visemal, 4 Vy.

825. Messire Pierre-Joseph marquis de Montrichard, seigneur de Frontenay, marié à Jeanne-Charlotte comtesse de Rougrave, reçu en 1720; quartiers : 1 Montrichard, 2 Maréchal, 3 Visemal, 4 Vy.

826. Messire Frédéric de Lallemand, chanoine de Saint-Claude, abbé de Saint-Airy de Verdun, reçu en 1721, mort en 1726; quartiers : 1 Lallemand, 2 Oiselet, 3 Coinctet, 4 Chaffoy.

827. Messire Jean-François-Daniel de Belot, marquis de Villette, capitaine de cavalerie au régiment de Turenne, reçu en 1721, mort en 1768; quartiers : 1 Belot, 2 Seyturier, 3 Froissard, 4 Thon.

828. Messire Charles-Octave marquis de Salives, capitaine d'infanterie au régiment de La Sarre, marié à......, reçu en 1722, mort en 1750; quar-

tiers : 1 Salives, 2 Cluny, 3 Vaudrey, 4 Brun. 1722

829. Messire Théodule-François-Joseph marquis de Grammont, capitaine de dragons, reçu en 1722, mort en 1742; quartiers : 1 Grammont, 2 Poitier, 3 Berbis, 4 Clairon.

830. Messire Claude-François marquis de Jouffroy-d'Aban, seigneur de Villars-Saint-George, capitaine de grenadiers au régiment de Lafond, marié à Charlotte de Mouchet-Laubespin, reçu en 1724; quartiers : 1 Jouffroy, 2 Chassagne, 3 Poutier, 4 Maisières.

831. Messire Joseph-Ignace de Froissard, marquis de Broissia, lieutenant-colonel de cavalerie au régiment de Vintimille, chevalier d'honneur au parlement de Besançon, marié à....., reçu en 1724; quartiers: 1 Froissard, 2 Poligny, 3 Albon, 4 Damas.

832. Messire Philippe-Xavier marquis de Moustier et de Bournel, seigneur de Nant, Cubry, etc.; mestre de camp d'un régiment de cavalerie de son nom, maréchal des camps, puis lieutenant général des armées du roi, et premier gentilhomme de la chambre de Stanislas roi de Pologne, marié à Louise de Bournel, reçu en 1724; quartiers : 1 Moustier, 2 Crosey, 3 Nassau-Orange, 4 Archier.

833. Messire Jean-Prosper marquis de Faletans, seigneur de Thieffrans, Fontenelle, Faletans, Busy, Larnoz, Tour-de-Falerans, Arguel, Mai-

son-Veau, Digoine, etc., officier au régiment de la marine infanterie; marié à Nicole de Loriol-de-Chandieu, reçu en 1724; quartiers : 1 Faletans, 2 Iselin, 3 Froissard, 4 Thon.

834. Messire Antide-Joseph de Jouffroy-d'Uxelle, chanoine, haut doyen de la métropole, abbé de Saint-Vincent, reçu en 1724, mort en 1768; quartiers: 1 Jouffroy, 2 Lallemand, 3 Montagu, 4 Précipiano.

835. Messire Claude-Charles du Tartre, baron de Chilly, ancien capitaine au régiment de Tallard infanterie, reçu en 1724; quartiers : 1 du Tartre, 2 Salives, 3 Froissard, 4 Poligny.

836. Messire Antoine-Sébastien du Pasquier-la-Villette, grand prieur du chapitre de Baume, reçu en 1725, mort en 1748; quartiers : 1 du Pasquier, 2 Morel, 3 Belot, 4 Moustier.

837. Messire Claude-Anne-François de Saint-Maurice-Montbarey, lieutenant-colonel du régiment royal cavalerie, ensuite maréchal de camp, grand'croix de l'ordre militaire de Saint-Louis, gouverneur de Joux et Pontarlier, reçu en 1725; quartiers : 1 Saint-Maurice, 2 Watteville, 3 Saint-Mauris-Crilla, 4 Séroz.

838. Messire Ferdinand-Benoît de Guyot, baron de Malseigne, capitaine au régiment de Touraine, reçu en 1725, mort en 1758, portait d'azur au chevron d'argent, accompagné de trois roses de même; quartiers : 1 Guyot, 2 Coinctet, 3 Breilen-Lendemberg, 4 Schœnau.

839. Messire François-Gabriel de Lezet, marquis 1725.
de Marnésia, capitaine au régiment de Navarre,
marié à Charlotte-Antoinette de Bressey, reçu
en 1725; quartiers : 1 Lezet, 2 Vichy, 3 Poligny,
4 Jacques.

840. Messire Charles-Antoine de Guyot-Malseigne,
capitaine au régiment de Touraine, marié à.....,
reçu en 1725, mort en 1754; quartiers : 1 Guyot,
2 Coinctet, 3 Breilen-Lendemberg, 4 Schœnau.

841. Messire Clériadus de Pra, comte de Peseux,
lieutenant-général des armées du roi, gouverneur de la citadelle de Lille, marié à....., reçu
en 1725, mort en 1754; quartiers : 1 Pra, 2
Marmier, 3 Choiseul, 4 Nicey.

842. Messire Philippe-Gaspard marquis de Champagne, capitaine au régiment de Tallard, reçu
en 1726, mort en 1735; quartiers : 1 Champagne,
2 Grivel, 3 Moustier, 4 Pra.

843. Messire Gaspard de Pra, capitaine aux Gardes-Françaises, reçu en 1727, mort en 1757, marié
à.....; quartiers : 1 Pra, 2 Messey, 3 Dortans,
4 Villerslafaye.

844. Messire Gerard-Gabriel de Vers-Merceret,
seigneur de Vaudrey, capitaine d'infanterie, marié
à....., reçu en 1727, mort en 1757; quartiers :
1 Vers, 2 du Saix, 3 Ballay, 4 Salives.

845. Messire Anne-Marie-Joseph-Eugène de Salives,
seigneur de Serre, reçu en 1728, mort en 1740;
quartiers : 1 Salives, 2 Cluny, 3 Vaudrey, 4 Brun.

846. Messire Antide-François de Constable, marié à....., reçu en 1728; quartiers: 1 Constable, 2 Romanet, 3 Salives, 4 Vaudrey.

847. Messire Philippe-Henri-Laurent comte de Lallemand, baron de Vaite, Lavigney, page du duc Léopold, puis capitaine au régiment de Touraine, marié à Françoise d'Eternoz, reçu en 1731, écartelait d'Arberg; quartiers: 1 Lallemand, 2 Coinctet, 3 Arberg-Valengin, 4 Daun.

848. Messire Alexandre-Joseph de Montrichard, seigneur de Flammerans, Fertans, capitaine de dragons au régiment de Bauffremont, reçu en 1732, mort en 1734; quartiers: 1 Montrichard, 2 de Bar, 3 Montrichard, 4 Visemal.

849. Messire Claude-Joseph de Grivel, seigneur de la Muyre, officier au régiment de la marine, marié à N..... de Cardon-Vidempierre, reçu en 1732, mort en 1764, portait d'azur à trois taffs d'or; quartiers: 1 Grivel, 2 Saint-Mauris-en-Montagne, 3 Montrichard, 4 Visemal.

850. Messire Claude-Louis-Albert de Lezet, doyen des comtes de Lyon, évêque d'Evreux, abbé de Bellevaux, reçu en 1734; quartiers: 1 Lezet, 2 Vichy, 3 Poligny, 4 Jacques.

851. Messire Alexandre comte de Scey, seigneur de Buthier, lieutenant-général des armées du roi et commandeur de son ordre de Saint-Louis, grand bailli de Dole, marié à..... de Grammont; reçu en 1735; quartiers: 1 Scey, 2 Blicterswich;

3. Saint-Maurice-Montbarey, 4. Saint-Mauris-Crilla.

852. Messire Antoine-Joseph du Pasquier, seigneur de la Villette, Viremont, etc., officier au régiment de Normandie, marié à....., reçu en 1736, écartelait de Maizod, qui est de gueules à la croix pattée et recroisetée d'argent; quartiers : 1 du Pasquier, 2 Belot-Villette, 3 Maizod, 4 Jouffroy.

853. Messire Jean-Claude-Thomas de Lallemand, chanoine de Saint-Claude, reçu en 1737, mort la même année; quartiers : 1 Lallemand, 2 Coinctet, 3 Arberg-Valengin, 4 Daun.

854. Messire Jacques-François Coquelin, marquis de Germigney, capitaine au régiment du roi infanterie, marié à....., reçu en 1738, portait d'azur à deux licornes affrontées d'or; quartiers : 1 Coquelin, 2 Saint-Maurice-le-Muid, 3 des Salles, 4 Louviers.

855. Messire Jean-Marie de Marnix, baron de Crilla et Sainte-Aldegonde, capitaine au régiment de la marine, reçu en 1739, mort en 1768; quartiers : 1 Marnix, 2 Ougnies, 3 Haudion, 4 Tenremonde.

856. Messire Philibert-Joseph de Belot-Rozet, chanoine de la métropole de Besançon, reçu en 1739, mort en 1759; quartiers : 1 Belot, 2 Moustier, 3 Seyturier, 4 La Roche.

857. Messire Gabriel de Raincour, doyen du chapitre de Baume, reçu en 1740; quartiers : 1 Raincour, 2 du Tartre, 3 Champagne, 4 Grivel.

858. Messire Claude-François de Faletans, doyen du chapitre de Gigny, reçu en 1740; quartiers : 1 Faletans, 2 Iselin, 3 Froissard, 4 Thon.

859. Messire Pierre marquis de Grammont, baron de Villersexel, La Roche, lieutenant-général des armées du roi, colonel d'un régiment de cavalerie de son nom, chevalier de l'ordre de Saint-Louis, premier chevalier d'honneur au Parlement, marié 1.° à Rénée de Brion, 2.° à Henriette de Vaudrey, reçu en 1741, élu gouverneur de l'ordre en 1757, mort en 18... Sa mémoire révérée rappelle sa valeur, ses blessures, sa généreuse fidélité, et une bienfaisance dont il a laissé des monumens. Un corps chevaleresque ne pouvait faire un plus digne choix pour son chef que de celui qui en professait les vertus. Quartiers : 1 Grammont, 2 Poitier, 3 Berbis, 4 Clairon.

860. Messire Eugène baron de Grammont, capitaine de cavalerie, reçu en 1741, mort en 1742; quartiers : 1 Grammont, 2 Poitier, 3 Berbis, 4 Clairon.

861. Messire Jacques-Antoine de Rosières, marquis de Sorans, officier au régiment de Bresse, marié à Gabrielle-Ursule-Elie de Crécy, reçu en 1741; quartiers : 1 Rosières, 2 Froissard, 3 Hennin-Liétard, 4 Gaunes.

862. Messire Charles-Prosper de Raincour, lieutenant-colonel du régiment de la marine, brigadier des armées du roi, puis maréchal des camps, et

lieutenant de roi à Valenciennes, reçu en 1741; 1741.
quartiers : 1 Raincour, 2 du Tartre, 3 Champagne, 4 Grivel.

863. Messire Jean-Baptiste marquis de Raincour, seigneur dudit lieu, Falon, Leugney, Orsans, etc., capitaine d'infanterie au régiment de Tallard, marié à Hélène-Antoinette de Grammont; reçu en 1741; quartiers: 1 Raincour, 2 du Tartre, 3 Champagne, 4 Grivel.

864. Messire Claude-Humbert de Raincour, lieutenant-colonel du régiment dauphin cavalerie, brigadier des armées du roi, reçu en 1741; quartiers : 1 Raincour, 2 du Tartre, 3 Champagne, 4 Grivel.

865. Messire Béat-Jean-Baptiste de Thuillière, comte de Montjoye, de La Roche, Saint-Hippolyte et Maiche, marié à Clauda de Rinck, reçu en 1741, mort en 1760; quartiers: 1 Thuillière, 2 Reinach, 3 Thuillière, 4 Thuillière.

866. Messire Nicolas comte de Lallemand, capitaine au régiment de Touraine, reçu en 1742, tué à la bataille de Dettingen; quartiers: 1 Lallemand, 2 Coinctet, 3 Arberg-Valengin, 4 Daun.

867. Messire Claude-Eugène marquis de Jouffroy-d'Aban, seigneur d'Aban, Villers, Saint-George, chevalier de Saint-Louis, marié à Jeanne-Henriette de Pons-Rennepont, reçu en 1745; quartiers: 1 Jouffroy, 2 Poutier, 3 Mouchet-Battefort, 4 Saint-Maurice-Montbarey.

868. Messire Clériadus du PASQUIER-VIREMONT, capitaine au régiment de la Sarre, reçu en 1746, mort en 1760; quartiers : 1 du Pasquier, 2 Morel, 3 Belot, 4 Moustier.

869. Messire Humbert-Emmanuel-Dominique du SAIX, comte d'Arnans, commandant de bataillon au régiment de la marine, reçu en 1746; quartiers : 1 du Saix, 2 l'Epinette, 3 Camus-d'Argigny, 4 Monspey.

870. Messire François-Joseph de JOUFFROY, seigneur de Montmartin, Uxelle, capitaine au régiment de la marine, marié à....., reçu en 1746, mort en 1761; quartiers : 1 Jouffroy, 2 Montagu-Boutavent, 3 Saint-Ygnon, 4 Clairon.

871. Messire Louis-Joseph de JOUFFROY, baron d'Uxelle, comte de Lyon, reçu en 1746; quartiers : 1 Jouffroy, 2 Montagu-Boutavent, 3 Saint-Ygnon, 4 Clairon.

872. Messire Michel de JOUFFROY baron d'Uxelle, officier aux Gardes-Françaises, avec commission de colonel d'infanterie, reçu en 1746; quartiers : 1 Jouffroy, 2 Montagu-Boutavent, 3 Saint-Ygnon, 4 Clairon.

873. Messire François-Xavier marquis de CHAMPAGNE, seigneur d'Igny, Liel, marié à Marie-Thérèse comtesse de Bousey, officier au régiment de Champagne, reçu en 1746, mort en ....; quartiers : 1 Champagne, 2 Grivel, 3 Moustier, 4 Pra.

874. Messire François de BALLAY, capitaine aux Gardes-Vallones, reçu en 1747, mort en 1764; quartiers : 1 Ballay, 2 Franchet, 3 Grachaux, 4 Grivel. — 1747

875. Messire Henri-Antoine-François de BELOT, marquis de Chevigney, guidon de gendarmerie, marié à N..... de Foudras, reçu en 1747; quartiers : 1 Belot, 2 Froissard, 3 Messey, 4 Desgentils.

876. Messire Charles-Gayetan de RAINCOUR, chanoine et prevôt du chapitre de Saint-Pierre de Mâcon, reçu en 1747, mort en 1770; quartiers : 1 Raincour, 2 du Tartre, 3 Champagne, 4 Grivel.

877. Messire Frédéric-Gabriel du PASQUIER-LA-VILLETTE, chanoine de Baume, reçu en 1748; quartiers : 1 du Pasquier, 2 Belot-Villette, 3 Maizod, 4 Jouffroy.

878. Messire François-Gabriel de JOUFFROY-GONSANS, chanoine à Saint-Claude, abbé des Trois-Rois, évêque de Gap, puis du Mans, reçu en 1748; quartiers : 1 Jouffroy, 2 Saint-Mauris-Châtenois, 3 Poligny, 4 Jacques.

879. Messire Henri-François de ROSIÈRES, marquis de Sorans, baron de Fondrement, seigneur de Rioz, They, Breurey, colonel du régiment d'Artois, maréchal des camps et armées du roi, chevalier de l'ordre de Saint-Louis, admis aux honneurs de la cour en vertu de ses preuves, marié à Marie-Louise-Elisabeth de Mailley-Carmand,

reçu en 1749, mort en 18..; quartiers : 1 Rosières, 2 Hennin-Liétard, 3 Crécy, 4 Ballay.

880. Messire Eléonore-Alexandre de Belot-Montbozon, chanoine de Gigny, reçu en 1749; quartiers : 1 Belot, 2 Seyturier, 3 Froissard, 4 Thon.

881. Messire Isidore-François-Philippe de Guyot, baron de Malseigne, capitaine d'artillerie, marié à N..... de Valdebron, reçu en 1749, mort en 1788; quartiers : 1 Guyot, 2 Breilen-Lendemberg, 3 Lallemand, 4 Arberg.

882. Messire Claude-François marquis de Salives, seigneur de Genevrey, etc., marié à....., reçu en 1749; quartiers : 1 Salives, 2 Cluny, 3 Vaudrey, 4 Brun.

883. Messire Jean-Baptiste de Scey, chanoine du chapitre de Saint-Pierre de Mâcon, reçu en 1749; quartiers : 1 Scey, 2 Blicterswich, 3 Saint-Maurice-Montbarey, 4 Saint-Mauris-Crilla.

884. Messire François-Gabriel de Jouffroy-d'Aban, chanoine de Saint-Claude, reçu en 1749; quartiers : 1 Jouffroy, 2 Pouthier, 3 Mouchet-Battefort, 4 Saint-Maurice-Montbarey.

885. Messire Nicolas-Gabriel de Pouthier, comte de Sône et de la Neuvelle, capitaine au régiment de Lorraine. Quoiqu'octogénaire et estropié d'un bras, il fut des premiers, accompagné de son fils, à rejoindre comme simple cavalier l'armée de Condé. Ce prince lui ayant fait quelques observations sur sa situation, ce brave vieillard lui

répondit qu'il croyait être bien encore en état 1750
de se défendre, mais qu'au surplus son fils
serait à côté de lui, qui ferait bon pour deux.
Reçu en 1750, mort à l'armée de Condé, portait
de sable à la croix engrêlée d'argent; quartiers :
1 Pouthier, 2 de Han, 3 Montrichard, 4 Bar.

886. Messire Ferdinand comte de GRAMMONT, baron
de Dracy, lieutenant-général des armées du Roi,
mestre de camp d'un régiment de cavalerie de
son nom, chevalier de Malte et de Saint-Louis,
marié 1.° à Florence de Franoy, 2.° à N.... de
Durfort-Civrac, 3.° à Marie-Anne de Scoraille,
reçu en 1751, mort en.... ; quartiers : 1 Grammont, 2 Poitier, 3 Berbis, 4 Clairon.

887. Messire Thomas de GUYOT-MALSEIGNE, capitaine, puis major général des carabiniers, maréchal des camps et armées du roi, commandeur
de son ordre de Saint-Louis. Ce brave militaire,
dont le dévouement au roi et l'intrépidité notoire étaient connus de toute l'armée, en donna
de nouveau des preuves surnaturelles à l'époque
de l'insurrection de la garnison de Nancy, coup
d'essai de la révolte générale; il sortit de France
peu à près dans l'espoir de pouvoir être utile à
la cause royale, mais sa santé tout-à-fait délabrée
le força à quitter les armées et à se retirer à
Anspach pour la soigner, où le roi de Prusse,
sur sa réputation de haute valeur, lui fit une
pension; réclamé depuis par ses confrères d'armes

de Saint-George pour les commander dans une expédition qu'ils comptaient tenter pour entrer en France, nonobstant son état, quitta tout pour voler les rejoindre aux frontières; mais ayant bientôt reconnu qu'ils étaient joués par les puissances, il retourna à Anspach, où il mourut peu de temps après. Reçu en 1751; quartiers : 1 Puyot, 2 Breilen-Lendemberg, 3 Lallemand, 4 Arberg.

888. Messire Claude-Nicolas comte de GRIVEL-SAINT-MAURIS, major du régiment de Bauffremont, colonel d'un régiment de chasseurs à cheval, maréchal des camps et armées du roi, chevalier de l'ordre de Saint-Louis, seigneur de Lamuyre, Perrigny, Nauquise, marié à Claudia-Antoinette-Fidèle comtesse de Thuillière-Montjoye, ancienne chanoinesse de Remiremont, reçu en 1751, mort en 1821; quartiers : 1 Grivel, 2 Saint-Mauris-en-Montagne, 3 Jaquot, 4 Roubier.

889. Messire Claude-Gaspard de LEZET-MARNÉSIA, lieutenant-colonel du régiment d'Orléans dragons, reçu en 1752; quartiers : 1 Lezet, 2 Vichy, 3 Poligny, 4 Jacques.

890. Messire Pierre-Marie comte du SAIX, capitaine au régiment de la marine, reçu en 1752; quartiers : 1 du Saix, 2 l'Epinette, 3 Camus-d'Argigny, 4 Monspey.

891. Messire Erard-Joachim-Irénée de SONNET, seigneur d'Auxon, marié à...., reçu en 1753,

portait d'azur à sept grelots d'or, six en orles et un en cœur; quartiers : 1 Sonnet, 2 Mesancourt, 3 Bermont, 4 Racle.

892. Messire Joseph-Peronne du Tartre de Chilly, official de Besançon, chanoine de la métropole, archidiacre de Salins, reçu en 1757; quartiers : 1 du Tartre, 2 Salives, 3 Froissard, 4 Poligny.

893. Messire Jerôme-François-Eléonore comte de Bouttechoux, seigneur de Villette, Chavanne, Montigny, reçu en 1757, marié à Henriette-Silvie de Groslier, portait d'azur au soleil sans visage d'or, au chef d'argent chargé de trois losanges de gueules; quartiers : 1 Bouttechoux, 2 la Pie, 3 Montrichard, 4 de Bar.

894. Messire François-Gabriel de Mouchet-Battefort, marquis de Laubespin, capitaine des vaisseaux du roi, reçu en 1759, marié à N.... de Scoraille; quartiers : 1 Mouchet, 2 Saint-Mauris-Crilla, 3 du Tartre, 4 Froissard.

895. Messire Claude-Antoine de Rosière-Sorans, capitaine au régiment du roi, chevalier de Saint-Louis; quoique accablé d'infirmités, il rejoignit l'armée de Condé, où il servit jusqu'à ses derniers momens; reçu en 1760, mort à l'armée de Condé; quartiers : 1 Rosière, 2 Hennin-Liétard, 3 Crécy, 4 Ballay.

896. Messire Antoine-Eléonore de Poutier, seigneur de Gouhéland, capitaine de dragons au régiment du colonel général, puis lieutenant-colonel de

chasseurs et maréchal de camp, marié à N....
de Pra-Peseux, reçu en 1762, mort en 1825; quartiers : 1 Poutier, 2 Eprel, 3 Sagey, 4 Cécile.

897. Messire Claude-Eugène BERNARD, seigneur de Montessus, marquis de Rully, capitaine de dragons au régiment du roi, reçu en 1763, portait d'azur au chevron d'or, accompagné de trois molettes d'éperons de même; quartiers : 1 Bernard, 2 Bernard, 3 Vaudrey, 4 Blicterswich.

898. Messire Claude-François COQUELIN, marquis de Germigney, capitaine de dragons au régiment du roi, reçu en 1763, marié à....; quartiers : 1 Coquelin, 2 Saint-Maurice-d'Augerans, 3 des Salles, 4 Louviers.

899. Messire Philippe-Joseph de FRANCHET-DE-RANS, mestre de camp de dragons, major du régiment du mestre de camp général, lieutenant de roi à Besançon, reçu en 1763; quartiers : 1 Franchet, 2 Chaillot, 3 Masson, 4 Bontems.

900. Messire Michel-Joseph-Christophe de RAINCOUR, officier au régiment du roi infanterie, reçu en 1764, mort la même année; quartiers : 1 Raincour, 2 Champagne, 3 Grammont, 4 Berbis.

901. Messire Alexandre de GUYOT-MALSEIGNE, officier de dragons au régiment de Bauffremont, reçu en 1764; quartiers : 1 Guyot, 2 Breilen-Lendemberg, 3 Lallemand, 4 Arberg.

902. Messire Hugues-Gabriel de BUZON, seigneur de

Champdivers, marié à...., reçu en 1764, portait parti d'argent et de gueules à trois roses posées en bande de l'une en l'autre sur le tout; quartiers : 1 Buzon, 2 Franchet, 3 Ballay, 4 Belot-Villette.

903. Messire Etienne de BUZON-DE-FONTAING, capitaine au régiment de Champagne, gouverneur du fort Saint-André de Salins, reçu en 1764; quartiers : 1 Buzon, 2 Franchet, 3 Ballay, 4 Belot-Villette.

904. Messire Marie-Charles de FROISSARD, marquis de Broissia, officier au régiment du roi infanterie, puis maréchal des camps et armées du roi, marié à..., reçu en 1764; quartiers : 1 Froissard, 2 Albon, 3 Belot-Villette, 4 Froissard.

905. Messire Claude-François de ROSIÈRE-SORANS, officier au régiment du roi infanterie, reçu en 1764; quartiers : 1 Rosière, 2 Hennin-Liétard, 3 Crécy, 4 Ballay.

906. Messire Gaspard-Joachim de LA ROCHELLE, seigneur de Cuse, Gondenans, capitaine au régiment de la marine, reçu en 1764, portait losangé d'argent et de gueules; quartiers : 1 La Rochelle, 2 Précipiano, 3 Sonnet, 4 Pischard.

907. Messire François-Christophe de LA ROCHELLE, officier aux Gardes-Vallonnes, reçu en 1764; quartiers : 1 La Rochelle, 2 Précipiano, 3 Sonnet, 4 Pischard.

908. Messire Louis-Gabriel de RAINCOUR, chanoine,

grand trésorier du chapitre de Mâcon, reçu en 1765; quartiers, 1 Raincour, 2 Champagne, 3 Grammont, 4 Berbis.

909. Messire Paul-Bonaventure marquis de FALE-TANS, seigneur de Thieffrans, Busy, Larnoz, officier au régiment de Bourbon-Busset cavalerie, marié à N.... de Klinglin, reçu en 1765; quartiers : 1 Faletans, 2 Froissard, 3 Loriol, 4 Saulx-Tavannes.

910. Messire Théodule-François d'ISELIN, baron de Lasnans, seigneur de Roulans, capitaine au régiment du roi infanterie, puis aide-de-camp de son frère à l'armée de Condé, marié à N.... de Grammont, reçu en 1765; quartiers : 1 Iselin, 2 Grammont, 3 la Tour-d'Ambre, 4 Cordemoy.

911. Messire Louis-Maximilien d'ISELIN-DE-LASNANS, seigneur d'Avilley, colonel d'un régiment de dragons de son nom, lieutenant-général des armées du roi, commandeur de son ordre de Saint-Louis, qui eut l'honneur de commander l'avant-garde de l'armée de Condé sous les ordres de Mgr le duc d'Enghien, marié à Athénaïs de Rosière-Sorans, reçu en 1765, mort en....; quartiers : 1 Iselin, 2 Grammont, 3 La Tour-d'Ambre, 4 Cordemoy.

912. Messire Alexandre-Eléonore de SAINT-MAURICE, prince de Montbarey, colonel du régiment de la couronne, lieutenant-général des armées du roi, chevalier de ses ordres, ministre de la guerre,

grand bailli d'Haguenau et grand d'Espagne, marié à Parfaite-Thaïs de Mailly, reçu en 1765, mort en Suisse durant la révolution; quartiers : 1 Saint-Maurice, 2 Saint-Mauris-Crilla, 3 du Maine-du-Bourg, 4 Rebbé.

913. Messire Hippolyte-François-Philippe comte de LALLEMAND, baron de Vaite, Mathay, Roye, capitaine au régiment de Flandre, chevalier de Saint-Louis, marié à Henriette de Rennel, sorti de France pour rejoindre les armées royales, où il mourut, reçu en 1767; quartiers : 1 Lallemand, 2 Arberg, 3 Esterno, 4 la Haye.

914. Messire Philippe-Antoine-Joseph-Régis comte d'ESTERNO, grand bailli d'Amont, mestre de camp de cavalerie, enseigne des chevau-légers du roi, marié à Gabrielle Arvisenet, était d'une famille originaire de Salins, issue d'un greffier au parlement, dont les lettres de noblesse furent accordées par l'empereur Sigismond au mois d'août 1415, fait notoire rapporté par nombre d'auteurs et manuscrits, notamment par Palliot, page 555, qui leur donna pour armoiries de pourpre à la fasce d'argent, chargée d'une coquille du champ, et non pas de gueules à la fasce d'argent, accompagnée de trois arrêts de lance de même, qui étaient les armoiries de l'ancienne maison chevaleresque des seigneurs d'Esterno, éteinte depuis plusieurs siècles. Reçu en 1767; quartiers : 1 Esterno, 2 La Haye, 3 Arvisenet, 4 Jacques.

915. Messire Claude Michel-Judith de Sagey, seigneur de Naisey, Pierrefontaine, officier au régiment d'Enghien, marié à...., reçu en 1768; quartiers : 1 Sagey, 2 Froissard, 3 Cécile, 4 Boitouset.

916. Messire Claude-Ignace-François-Xavier-Alexis de Franchet-de-Rans, évêque de Rosy, chanoine, grand chantre de la métropole, abbé de Balerne, reçu en 1769; quartiers : 1 Franchet, 2 Chaillot, 3 Masson, 4 Bontems.

917. Messire Gabriel-Théodore-Joseph comte de Lallemand-Vaite, major, puis colonel de chasseurs, maréchal des camps et armées du roi, chevalier de son ordre de Saint-Louis, marié à Marie-Charlotte Amey, reçu en 1769, mort à l'armée de Condé en 1797; quartiers : 1 Lallemand, 2 Arberg, 3 Esterno, 4 La Haye.

918. Messire Jean-Etienne de Vers, capitaine au régiment de Languedoc infanterie, reçu en 1769, mort en 17....; quartiers : 1 Vers, 2 Ballay, 3 Marchand, 4 Marchand de la Chateleine.

919. Messire Ignace-Bernard de Faletans, chanoine de la métropole, reçu en 1770, mort en 1783; quartiers : 1 Faletans, 2 Iselin, 3 Froissard, 4 Thon.

920. Messire Gerard-Marie-François de Vers, capitaine au régiment d'Alsace, reçu en 1770, mort en 17....; quartiers : 1 Vers, 2 Ballay, 3 Marchand, 4 Marchand de la Chateleine.

921. Messire-Emmanuel-Philippe comte de Salives, 1770
commandant d'un bataillon de garnison, chevalier d'honneur à la chambre des comptes de Dole, reçu en 1770, mort en 1...; quartiers:
1 Salives, 2 Vaudrey, 3 Berbis, 4 Perney.

922. Messire Charles-Henri comte de Rosière-Sorans, chanoine de Saint-Pierre de Mâcon, reçu en 1771, mort en 18..; quartiers: 1 Rosière, 2 Hennin-Liétard, 3 Crécy, 4 Ballay.

923. Messire Gaspard-Ardouin-François comte d'Ambly, d'une ancienne maison originaire de Champagne, capitaine au 5.ᵉ régiment de chevau-légers, marié à Jeanne-Louise d'Ambly; il servit avec distinction trois ou quatre campagnes à l'armée de Condé, et fut massacré par cinq ou six soldats autrichiens ivres, défendant ses hôtes qu'ils voulaient piller, en 1795; reçu en 1771, portait d'argent à trois lionceaux de sable; quartiers: 1 Ambly, 2 du Châtelet, 3 Sonnet, 4 Pichard.

924. Messire Jean-Marc comte Mouchet-de Battefort-de-Laubespin, chanoine de Lure et de Mürbach, et honoraire de Saint-Claude, reçu en 1772, mort en 18..; quartiers: 1 Mouchet, 2 Saint-Mauris-Crilla, 3 du Tartre, 4 Froissard.

925. Messire François-Joseph chevalier d'Ambly, capitaine de cavalerie, chevalier de Saint-Louis; il fit avec distinction toutes les campagnes de l'armée de Condé, puis rentra en France, où il

mourut; reçu en 1772; quartiers : 1 Ambly, 2 du Châtelet, 3 Sonnet, 4 Pichard.

926. Messire Antoine-Ferdinand comte d'AMANDRE, officier au régiment d'Artois, seigneur d'Onau, marié à N.... de Vaulchier du Déchaux, reçu en 1773, mort en 1825; quartiers : 1 d'Amandre, 2 Aubonne, 3 Hennezel, 4 Champagne.

927. Messire Antoine-Pierre marquis de RAINCOUR, seigneur de Falon, lieutenant-colonel de cavalerie au régiment Dauphin, marié à N... comtesse de Lambertie, chanoinesse de Poussay; il se rallia à l'armée des princes, et mourut après la campagne en 1793; reçu en 1773; quartiers : 1 Raincour, 2 Champagne, 3 Grammont, 4 Berbis.

928. Messire Charles-Ignace chevalier, puis marquis de RAINCOUR, capitaine, puis colonel de carabiniers, chevalier de Saint-Louis, marié à N.... Poan-de-Montelon, reçu en 1773, mort en 1831; quartiers : 1 Raincour, 2 Champagne, 3 Grammont, 4 Berbis.

929. Messire Claude-Balthasard marquis de JOUFFROY, seigneur d'Aban, sous-lieutenant des gardes du corps, marié à N.... de Scepeaux, reçu en 1773, mort en 1...; quartiers : 1 Jouffroy, 2 Mouchet, 3 Pons-Rennepont, 4 Bétainvilliers.

930. Messire Jean-Joseph comte de MOYRIA-MAILLAC, lieutenant-colonel d'infanterie, reçu en 1773, mort en 17..; portait d'or à la bande d'azur,

accompagnée de 5 billettes de même; quartiers : 1 Moyria, 2 Sauterau, 3 Faletans, 4 Froissard.

951. Messire François-Abel de MOYRIA-MAILLAC, chevalier de l'ordre de Saint-Maurice de Savoie, prieur de Moyrans, chanoine de Saint-Claude, reçu en 1773, mort en 17..; quartiers : 1 Moyria, 2 Sauterau, 3 Faletans, 4 Froissard.

952. Messire Claude-Antoine-Louis marquis de CHAMPAGNE, seigneur de Liesle, Chilly, capitaine au régiment d'Artois, chevalier de Saint-Louis, marié à Antoinette-Yolande-Marie-Désirée du Tartre, reçu en 1773, mort en 1820; il se rallia à l'armée de Condé dès les commencemens de la révolte générale, où il fit plusieurs campagnes dans la compagnie de Franche-Comté; quartiers : 1 Champagne, 2 Moustier, 3 Bouzey, 4 Le Begue.

953. Messire Adrien-Gabriel comte de CHAMPAGNE-BOUZEY, capitaine de cavalerie au régiment de Royal-Roussillon, marié à Anne-Thérèse de Choisy, reçu en 1773, mort en 1828; quartiers : 1 Champagne, 2 Moustier, 3 Bouzey, 4 Le Begue.

954. Messire Charles-Antoine-Gabriel BERNARD, comte de Montessus et de Rully, officier d'artillerie, puis colonel en second d'Austrasie, reçu en 1775, mort en 1791; quartiers : 1 Bernard, 2 Bernard, 3 Vaudrey, 4 Blicterswich.

955. Messire Charles-Claude-Ferdinand comte de POLIGNY, seigneur d'Evans et d'Augea, capitaine

au régiment du roi, marié à Anne-Josephe Mignot de la Bevière; quartiers : 1 Poligny, 2 Jacques, 3 Beaurepaire, 4 Hennin-Liétard.

936. Messire Claude-Bernard-Flavien marquis de Froissard, seigneur de Bersaillin, officier aux Gardes-Françaises, marié à N.... Henryon de Magnoncour, reçu en 1775, mort en 1820; quartiers : 1 Froissard, 2 d'Ortans, 3 Froissard, 4 du Louverot.

937. Messire Ferdinand-Denis comte de Crécy, lieutenant-colonel du premier régiment de chevau-légers, marié à Anne-Alexandrine du Bois-de-Bours, admis aux honneurs de la cour en vertu de ses preuves, reçu en 1776, mort en 1814; quartiers : 1 Crécy, 2 Ballay, 3 Marnay, 4 Lafontaine-Solare.

938. Messire Gaspard-Emmanuel chevalier de Crécy, sous-aide major des Gardes-Vallonnes, reçu en 1776, mort en 17..; quartiers : 1 Crécy, 2 Ballay, 3 Marnay, 4 Lafontaine-Solare.

939. Messire Armand-Hilaire comte Mouchet-de-Laubespin, ancien chanoine de Baume, reçu en 1777, mort en 17..; quartiers : 1 Mouchet, 2 Saint-Mauris-Crilla, 3 du Tartre, 4 Froissard.

940. Messire Louis-Godefroy-Joseph Belot-de-Roset, chanoine du chapitre métropolitain, reçu en 1777, mort en 17..; quartiers : 1 Belot, 2 Froissard, 3 Messey, 4 des Gentils.

941. Messire Claude-François-Adrien marquis de

Lezet-Marnézia, seigneur de Montanne, Mont- 1777. martin, capitaine au régiment du roi infanterie, marié à Claude-Marie de Nettancourt, reçu en 1777, mort en 1...; quartiers : 1 Lezet, 2 Poligny, 3 Bressey, 4 Raigecourt.

942. Messire François-Philippe marquis de Marmier, baron de Ray, lieutenant-colonel de cavalerie, issu d'une famille de Langres, remarquée par de brillantes alliances, qui remonte sa noblesse jusqu'à Hugues Marmier, docteur ès-droits vivant au commencement du XVI.e siècle, habile jurisconsulte, qui à ce titre fut élevé à la place de premier président de la chambre des comptes, et prit pour armoiries de gueules à une petite figure d'argent non connue en blason, mais que l'on nomma un marmot; reçu en 1777, mort en 17..; quartiers : 1 Marmier, 2 Rance, 3 Hamilton, 4 Maccan.

943. Messire Guillaume-Marguerite Bouttechoux, officier au régiment royal Normandie, reçu en 1778, mort en....; quartiers : 1 Bouttechoux, 2 Montrichard, 3 Groslée, 4 Colbert.

944. Messire François-Joseph comte de Mauclerc, capitaine au régiment des gardes de Lorraine, marié à N.... de Lescu-de-Remel, reçu en 1778, mort en 17..., portait d'azur à la fasce percée d'or, d'où pend une sonnette de même, accompagnée de trois trèfles de même; quartiers : 1 Mauclerc, 2 Franchet, 3 Ambly, 4 du Châtelet.

945. Messire Anne-Etienne-Gaspard de Lezet-Marnézia, commandeur de Malte, maréchal des camps et armées du roi, chevalier de Saint-Louis, reçu en 1779, mort en 18..; quartiers : 1 Lezet, 2 Poligny, 3 Bressey, 4 Raigecourt.

946. Messire Claude-Joseph comte de Bousies, d'une ancienne maison chevaleresque de Flandre, capitaine au mestre de camp dragons, marié à N.... de Rosière-Sorans, reçu en 1779, mort en 17.., portait d'azur à la croix d'argent; quartiers : 1 Bousies, 2 Le Brun, 3 Saumier, 4 Saint-Vandelin.

947. Messire François-Joseph comte de Bouzies, chanoine de Lure et de Mürbach, vicaire-général, reçu en 1779, mort en 17..; quartiers : 1 Bousies, 2 Le Brun, 3 Saumier, 4 Saint-Vandelin.

948. Messire Eugène-Joseph vicomte de Bousies, colonel de cavalerie, sous-lieutenant de gardes du corps du roi d'Espagne, reçu en 1779, mort en 17..; quartiers : 1 Bousies, 2 Le Brun, 3 Saumier, 4 Saint-Vandelin.

949. Messire Claude-Gaspard comte de Lezet-Marnézia, comte de Lyon, abbé d'Acey, reçu en 1780, mort en 1...; quartiers : 1 Lezet, 2 Poligny, 3 Bressey, 4 Raigecourt.

950. Messire Jean-Bernard comte de Moyria-Maillac, chanoine de Gigny, reçu en 1781, mort en 17..; quartiers : 1 Moyria, 2 Sauterau, 3 Faletans, 4 Froissard.

951. Messire Edme-François Buzon, seigneur de

Champdivers, chanoine de Baume, reçu en 1781, mort en ....; quartiers : 1 Buzon, 2 Franchet, 3 Ballay, 4 Belot-Villette.

952. Messire Gabriel-Etienne comte de MONTRICHARD, seigneur de Saint-Martin, capitaine de dragons au régiment royal, marié à Marie-Rapine de Sainte-Marie, reçu en 1781, mort en 17..; quartiers : 1 Montrichard, 2 Visemal, 3 Rougrave, 4 Lopez-Gallo.

953. Messire Agathe-Ange-Marie BERNARD, comte et seigneur de Montessus, Rully, comte de Lyon, reçu en 1782, mort en ....; quartiers : 1 Bernard, 2 Bernard, 3 Vaudrey, 4 Blicterswich.

954. Messire Philippe marquis de FRANCHET, seigneur de Rans, Cornette-Blanc, rang de capitaine au régiment du colonel général dragons, lieutenant-colonel de cavalerie, chevalier de Saint-Louis, a fait avec honneur toutes les campagnes de l'armée de Condé, reçu en 1782; quartiers : 1 Franchet, 2 Masson, 3 Raincour, 4 Grammont.

955. Messire Antoine-Eléonore comte de BOUZIES, seigneur de Champvans, capitaine de chevau-légers, chevalier de Saint-Louis, marié à ....., comtesse de Scey, chanoinesse de Château-Chalon; il fut empressé de rendre ses hommages et offrir ses services à MONSIEUR dès son arrivée à à Vesoul; reçu en 1783; quartiers : 1 Bouzies, 2 Saumier, 3 Rosière-Sorans, 4 Crécy.

956. Messire Marie-François-de-Sales-Alexandre-Théodule marquis de Grammont-Grange, baron de Villersexel, Dracy, capitaine de cavalerie au régiment royal Lorraine, marié à Rosalie de Noailles, reçu en 1784; il fut des premiers à se rendre chez Monsieur à Vesoul, lors de sa rentrée en France, pour lui offrir ses hommages et ses services; quartiers : 1 Grammont, 2 Berbis, 3 Scoraille, 4 Pons-Rennepont.

957. Messire Marie-Charles-Joseph comte Mouchet de Battefort, de Laubespin, seigneur d'Arintoz, premier page, capitaine, puis officier supérieur de cavalerie, chevalier de Saint-Louis, marié à N.... de Levy-Mirepoix; il se distingua à l'insurrection de Nancy comme aide-de-camp du général de Malseigne, à qui il donna même son cheval pour rentrer dans la ville; puis rentra aux volontaires, où il fut grièvement blessé, et fut décoré de la croix de Saint-Louis; il montra constamment le même zèle dans l'exécution de différentes commissions importantes de monseigneur le prince de Condé; reçu en 1784; quartiers : 1 Mouchet, 2 du Tartre, 3 Scoraille, 4 Pons-Rennepont.

958. Messire Joseph-Ruffe chevalier Mouchet de Battefort, de Laubespin, officier de carabiniers, reçu en 1784, mort en 179..; quartiers : 1 Mouchet, 2 du Tartre, 3 Scoraille, 4 Pons-Rennepont.

959. Messire Emmanuel-Martin marquis de Jouf-

froy, seigneur de Gonsans, baron du Pin, capitaine au régiment du roi infanterie, marié à N..... de Froissard-Broissia, chanoinesse de Château-Chalon, reçu en 1784, mort en 1816; quartiers : 1 Jouffroy, 2 Poligny, 3 Lallemand, 4 Esterno.

1784

960. Messire Henri-Gabriel comte de Montrichard, chanoine du haut chapitre de Liége et de Baume, vicaire général de Cambrai; ce noble, respectable et dévoué protecteur des malheureux, rejeté de France par la révolte à Fribourg en Suisse, sans autres appui ni ressources que son zèle, son active bienfaisance, et sa confiance dans la providence, entreprit et parvint à soutenir plus de cent de ses compatriotes par jour, durant plusieurs années, tant par une table frugale que des secours à domicile, et des ouvrages et débits qu'il leur procurait, au moyen de prêtres dévoués qu'il envoyait comme quêteurs, même dans toutes les cours; dévouement respectable qui ne fut pas cependant toujours payé de reconnaissance, mais sa récompense était dans ses bienfaits; reçu en 1785, mort en 1816; quartiers : 1 Montrichard, 2 Visemal, 3 Rougrave, 4 Lopez-Gallo.

961. Messire Claude-Alexandre-Bonaventure-Fidèle comte de Grivel, seigneur de Lamuyre, Perrigny, Grandpuch, marié à Jeanne-Joséphine-Sophie de Ségur; officier de chasseurs au régiment de

son père, puis officier supérieur de cavalerie, chevalier de l'ordre de Saint-Louis; il servit à l'armée des princes, puis à celle de Condé, où il fit toutes les campagnes avec une distinction remarquable, dont Monsieur lui témoigna sa satisfaction en le nommant maréchal-de-camp-inspecteur général des gardes nationales du Jura, place qui le mit dans le cas de se trouver à Lons-le-Saunier dans le cercle des généraux à la tête des troupes en bataille, lorsque le maréchal Ney prononça sa trahison, dont il fut tellement révolté, que sa fidélité, aussi ardente que son courage, le porta à briser à l'instant son épée, en lui disant que, *puisque les généraux trahissaient leur roi, ses fidèles serviteurs devaient briser leurs armes;* puis partant au galop, il longea toute la ligne des troupes en bataille, en criant *vive le roi*, cri que répétèrent plusieurs pelotons non encore corrompus; puis partit peu après pour rejoindre le roi à Gand, qui lui donna une belle épée : récompense peut-être un peu faible pour un trait aussi énergique de dévouement. Reçu en 1786; quartiers : 1 Grivel, 2 Jacquot-d'Andelarre, 3 Thuillière-Montjoye, 4 Rinck.

962. Messire Edmond de Moyria-Maillac, chanoine de Saint-Claude, reçu en 1786, mort en 17..; quartiers : 1 Moyria, 2 Sauterau, 3 Faletans, 4 Froissard.

963. Messire Guillaume de Bouttechoux, chanoine

de la métropole de Besançon, reçu en 1787, 1787.
mort en 17..; quartiers : 1 Bouttechoux, 2 Lapie,
3 Montrichard, 4 de Bar.

964. Messire Nicolas marquis de Faletans, seigneur de Thieffrans, Busy, Larnoz, capitaine, puis officier supérieur de dragons, chevalier de l'ordre de Saint-Louis, maréchal-de-camp-inspecteur général des gardes nationales du Doubs, marié à Charlotte-Christine Andrault-de-Langeron, admis aux honneurs de la cour en vertu de ses preuves. Il se rallia à ses confrères d'armes à l'armée de Condé, où il servit aussi longtemps que sa santé le lui permit, et fut du nombre de ceux qui se concertèrent aux frontières pour tenter une entrée en France, échouée par la malveillance des puissances, et qui se réunit aussi à ceux empressés de rendre leurs hommages à Monsieur à sa rentrée à Vesoul lors de la restauration. Reçu en 1787; quartiers : 1 Faletans, 2 Loriol, 3 Klinglin, 4 Thuillière-Montjoye.

965. Messire Charles-Emmanuel de Saint-Mauris-Chatenois, comte de Lambrey et de Sainte-Marie, seigneur de Saint-Mauris-en-Montagne, Cour, Courcelle, Fleurey, chevalier des ordres de Malte et de Saint-Louis, lieutenant-général des armées du roi, commandant-général pour son service des îles du Vent de l'Amérique, gouverneur des ville et château de Peronne, inspecteur d'infanterie, colonel d'un régiment de son

nom; encore capitaine de carabiniers à l'âge de 45 ans, il mérita son rapide avancement par des actions et des services marquans; digne rejeton de nos antiques preux par sa valeur et sa remarquable fidélité. Reçu en 1787, mort la même année; quartiers : 1 Saint-Mauris, 2 Ligniville, 3 Lallemand, 4 Choiseuil.

966. Messire Charles-Emmanuel-Polycarpe marquis de Saint-Mauris, baron de Châtenois et de La Villeneuve, comte de Saulx, Genevrey et dépendances, seigneur de Saint-Mauris-en-Montagne, Cour, Courcelle, Bellemont, marié à Caroline comtesse de Raigecourt, chanoinesse de Remiremont, dame de l'ordre de la Croix-Etoilée, pair héréditaire de France, colonel de dragons, maréchal des camps et armées du roi, inspecteur général de ses gardes nationales, chevalier de Saint-Louis et de Saint-Jean de Russie, admis aux honneurs de la cour en vertu de ses preuves en 1786; des premiers à se rallier aux armées royales, avec ses deux frères et ses deux fils, il y perdit le cadet âgé de 14 ans; y fit comme eux toutes les campagnes, soit activement, soit en commissions importantes du prince de Condé, notamment celle de rallier à son armée un régiment suisse, tel qu'il était sorti de France, de se pourvoir d'armes et entretenir des intelligences dans l'intérieur pour y pénétrer sous les ordres particuliers du général de Malseigne, selon le

plan concerté que le commissaire anglais fei-
gnait d'adopter (sans doute d'après l'événement),
pour le déjouer plus sûrement; ayant toujours
tous servi leur roi et jamais que leur roi, ils se
prononcèrent avec cette même honorable fidélité
héréditaire Franc-Comtoise lors de la rentrée et
du séjour de Monsieur à Vesoul, et constamment
dès lors; reçu en 1787, élu gouverneur de l'ordre
en 1823; quartiers : 1 Saint-Mauris, 2 Lallemand,
3 Raigecourt, 4 Gournay.

967. Messire Jacques-Paul comte de Montrichard,
chanoine et doyen du chapitre de Baume, reçu
en 1788, mort en 1...; quartiers : 1 Montrichard,
2 Visemal, 3 Rougrave, 4 Lopez-Gallo.

968. Messire Gabriel-Joseph-Elzéard de Rosière,
marquis de Sorans, baron de Fondremand, Rioz,
capitaine de dragons; puis maréchal des camps
et armées du roi, aide-de-camp du roi Charles
X, commandant pour son service du département
de la Haute-Saône, chevalier de son ordre de
Saint-Louis, marié à Anne-Victoire comtesse de
Clairon d'Haussonville, chanoinesse de Bouxières.
Ce brave et loyal officier avait servi avec zèle aux
armées royales; aussi bon pour le soldat que
fidèle à son roi et à ses amis, mourut des suites
d'un coup de pied de cheval qu'il reçut dans la
poitrine, à Vesoul, pour n'avoir pu se défendre
d'un mouvement de bienfaisance qui le porta à
s'élancer pour dégager un malheureux dragon.

1787

qui suffoquait sous son cheval qui venait de s'abattre sur lui dans une grande manœuvre. Reçu en 1788, mort en 1818; quartiers : 1 Rosière, 2 Crécy, 3 Mailley, 4 Anglebermer..

969. Messire François-Joseph-Elisabeth chevalier de La Rochelle, reçu en 1789, mort en ....; quartiers : 1 La Rochelle, 2 Précipiano, 3 Sonnet, 4 Pichard.

970. Messire Bernard-Ignace-Marie-Anne-Joseph chevalier de Faletans, chevalier de Malte, marié à...., reçu en 1789; quartiers : 1 Faletans, 2 Loriol, 3 Klinglin, 4 Thuillière-Montjoye.

971. Messire Charles marquis de Moustier, maréchal des camps et armées du roi, député de la noblesse aux états de 1789 avec M. le prince de Bauffremont, admis aux honneurs de la cour d'après ses preuves, marié à Gabrielle-Françoise de Montbel, reçu en 1789, mort en ....; quartiers : 1 Moustier, 2 Nassau-Orange, 3 Bournel, 4 Forcadel.

972. Messire Eléonore-François-Elie marquis de Moustier, seigneur de Nant, Cubry, Bournel, chevalier de Saint-Louis et de Malte, lieutenant-général des armées du roi, son ambassadeur à Trèves en Prusse et en Angleterre, fidèlement attaché au roi, le suivit dans toutes les pauses de son exil, rentra avec lui à la restauration, le suivit à Gand durant les cent jours, et revint à sa suite lors de sa rentrée en France; marié à

Antoinette-Louise de Millet, admis aux honneurs de la cour en vertu de ses preuves; reçu en 1789, mort en 1817; quartiers : 1 Moustier, 2 Nassau-Orange, 3 Bournel, 4 Forcadel.

975. Messire Claude-François-Dorothée comte de Jouffroy, seigneur d'Aban, marié à N..... Pingon, reçu en 1789; quartiers : 1 Jouffroy, 2 Mouchet, 3 Pons-Rennepont, 4 Bettainvilliers.

Une institution aussi intimément identifiée à la monarchie que celle de la chevalerie de Saint-George, dut indispensablement s'anéantir avec elle, et renaître au moment de sa résurrection. Cette observation explique suffisamment les causes de la lacune que l'on remarque ici dans ses assemblées et ses réceptions, depuis l'époque de la révolte à celle de la restauration. A cette dernière, ces chevaliers se voyant réduits à un très-petit nombre (25), comprenant l'urgence de s'occuper de nouvelles admissions, dressèrent préalablement quelques arrêtés provisoires de circonstance, que l'on trouvera à la suite des statuts, page 56, et procédèrent à 32 réceptions dans l'ordre qui suit, qui établit leur rang d'ancienneté.

974. Messire Pierre-George comte de Scey, seigneur de Buthier, La Roche, capitaine de cavalerie, fit la campagne de 1792 à l'armée des princes en qualité de guidon de gendarmerie, puis maréchal des camps et armées du roi, chevalier de Saint-Louis, puis préfet du Doubs; se montra avec beaucoup de dévouement et d'énergie à l'époque de la restauration, ainsi que d'empressement à rendre ses hommages à Monsieur, et à rester près de lui durant son séjour à Vesoul; obligé de sortir de France à l'époque des cent jours, il mit le même zèle à la levée d'un corps de volontaires royaux aux frontières, secondé de ses parens et de ses amis, qui s'empressèrent de s'y inscrire; marié à Catherine comtesse de Reinach, chanoinesse d'Epinal; reçu en 1816; quartiers : 1 Scey, 2 Saint-Maurice-Montbarey, 3 Grammont, 4 Vaudrey.

975. Messire Gabriel-Bernard comte de Saint-Mauris-Chatenois, chevalier de Malte, page du roi Louis XVI, puis officier supérieur de cavalerie, colonel-chef d'état-major de la garde nationale par brevet du roi, et chevalier de son ordre de Saint-Louis; fit toutes les campagnes aux armées royales ou à celle de Condé avec une distinction remarquée par les princes, qui l'exprimèrent formellement sur sa feuille de licenciement, en le gratifiant d'un cheval; et resta constamment ainsi que tous les siens dévoué à ses princes comme

fidèle à ses sermens; reçu en 1816; quartiers : 1 Saint-Mauris, 2 Lallemand, 3 Raigecourt, 4 Gournay.

976. Messire Charles-Emmanuel-Auguste marquis de Saint-Mauris-Chatenois, pair héréditaire de France, rejoignit l'armée de Condé à l'âge de 14 ans avec son frère cadet qui y périt, y fut placé officier dans le régiment d'Hohenlohe, où il fit toutes les campagnes, entra à la restauration officier aux Gardes de la porte, puis capitaine de cavalerie et chevalier de l'ordre de Saint-Louis. Jaloux d'imiter la loyauté de ses pères, il fut et sera toujours fidèle à son roi et à ses sermens. Marié à Ferdinande de Villerslafaye, dame de l'ordre de la Croix-Étoilée. Reçu en 1816; quartiers : 1 Saint-Mauris, 2 Raigecourt, 3 Raigecourt, 4 Saint-Ygnon.

977. Messire Claude-François-Judith-Xavier comte de Sagey, ancien chanoine de Gigny, évêque nommé à Saint-Claude, puis évêque de Tulle et chanoine de Saint-Denis, reçu en 1816; quartiers : 1 Sagey, 2 Cécile, 3 Aroz, 4.....

978. Messire Félix-François comte de Jouffroy-Gonsans, capitaine de carabiniers, marié à Amélie de Bonneval, reçu en 1816; quartiers : 1 Jouffroy, 2 Lallemand, 3 Froissard, 4 Froissard.

979. Messire Etienne-Xavier Buzon de Champdivers, colonel de cavalerie, chevalier de Saint-Louis, marié à...., reçu en 1816, mort en....; quartiers : 1 Buzon, 2 Balay, 3 Matheret, 4.....

980. Messire Pierre-Marie-Théodule marquis de Grammont-Grange, marié à Félicie de Carvoisin, reçu en 1816, mort en 1822; quartiers : 1 Grammont, 2 Scoraille, 3 Noailles, 4 Daguesseau.

981. Messire Victor-Alexandre comte de Saint-Mauris-Lambrey, officier aux Gardes-du-corps du roi, lieutenant dans la garde royale, suivit le roi à Gand, rentra en France à sa suite, puis gentilhomme et secrétaire d'ambassade à Naples et au Brésil, marié à Emilie de Dolomieu, reçu en 1816; quartiers : 1 Saint-Mauris, 2 Raigecourt, 3 Raigecourt, 4 Saint-Ygnon.

982. Messire Patrice-Gabriel Bernard, comte de Rully, chevalier de Malte, officier au régiment du roi, marié à N.... fille naturelle de M. le duc de Bourbon, puis gentilhomme de sa chambre, pair de France, lieutenant-général des armées du roi, reçu en 1816, mort en 1831 ; quartiers : 1 Bernard, 2 Bernard, 3 Vaudrey, 4 Blictersvich.

983. Messire Alexandre-Bernard-Pierre marquis de Froissard-Bersaillin, marié à N.... de Pracontal, pair héréditaire de France, reçu en 1816; quartiers : 1 Froissard, 2 Froissard, 3 Mailly-Château-Renaud, 4 Henrion.

984. Messire Charles-Gabriel marquis de Champagne-Bouzey, lieutenant des Gardes-du-corps, marié à Clémentine-Adélaïde d'Orglande, reçu en 1816; quartiers : 1 Champagne, 2 Bouzey, 3 Choisy, 4 d'Ourches.

985. Messire Charles-Edouard comte de FROISSARD-BROISSIA, capitaine de dragons de la garde royale, marié à N... de Hoquard, reçu en 1816; quartiers : 1 Froissard, 2 Blot, 3 Mairot, 4 Ralky.

986. Messire Charles-Joseph chevalier et aujourd'hui marquis de FRANCHET de Rans, chevalier des ordres de Malte et de Saint-Louis, officier supérieur de cavalerie, marié à N.... de Saint-Belin. Il s'empressa avec ses deux frères de se rallier sous le drapeau blanc à l'armée de Condé, où son cadet fut tué dès les premières campagnes ; mandé de Malte, sa seconde patrie, il s'y trouva lors de la surprise et de la reddition honteuse de ce boulevard de la chrétienté, mais refusa en gentilhomme d'honneur les prétendus bienfaits de Bonaparte, ainsi que de le suivre en Egypte, et malgré son pénible dénuement, entreprit de rejoindre de nouveau l'armée de Condé, où il servit avec zèle jusqu'à son licenciement. Quartiers : 1 Franchet, 2 Masson, 3 Raincour, 4 Grammont.

987. Messire Claude-Joseph-François-Astolphe marquis de JOUFFROY-D'ABAN, marié à Caroline de Bouttechoux de Chavanne, du nombre des gentilshommes qui s'empressèrent de rendre leurs hommages et d'offrir leurs services à MONSIEUR à sa rentrée à Vesoul; reçu en 1816; quartiers : 1 Jouffroy, 2 Pons-Rennepont, 3 Scepeaux, 4.....

988. Messire Louis-Agricole-Vinceslas vicomte de

1816.

Jouffroy-d'Aban, capitaine d'infanterie, marié à Ferdinande de Scey; comme son frère, il fut du nombre des gentilshommes qui vinrent à Vesoul offrir leurs hommages et services à Monsieur; reçu en 1816; quartiers : 1 Jouffroy, 2 Pons-Rennepont, 3 Scepeaux, 4.....

989. Messire Charles-Antide comte d'Amandre, chanoine de la métropole, ancien comte de Mâcon, reçu en 1816; quartiers : 1 Amandre, 2 Aubonne, 3 Hennezelle, 4 Champagne.

990. Messire Claude-Emmanuel-Alexandre-Joseph-Fidèle comte de Grivel, chevalier de l'ordre de Saint-Jean de Jérusalem, marié à Thérèse-Narcisse-Patrice-Gabrielle de Varennes, reçu en 1816; quartiers : 1 Grivel, 2 Jacquot-d'Andelarre, 3 Thuillière-Montjoye, 4 Rinck.

991. Messire Xavier-Catherine marquis de Champagne, nommé commissaire du roi à l'époque de sa restauration, marié à Charlotte-Louise-Victoire de Malivert, reçu en 1816; quartiers : 1 Champagne, 2 Bouzey, 3 du Tartre, 4 Cardon-Vidempierre.

992. Messire Marc-Marie-Amédée comte de Champagne, chevalier de l'ordre de Malte, marié à Hortense de Massol, reçu en 1816, mort en 1829; quartiers : 1 Champagne, 2 Bouzey, 3 du Tartre, 4 Cardon-Vidempierre.

993. Messire Clément-Edouard marquis de Moustier, appelé à la pairie héréditaire par ordon-

nance du roi, ambassadeur en Suisse, puis en 1816. Espagne, commandeur de l'ordre de la Légion-d'Honneur, grand cordon et grand croix de ceux de Charles III d'Espagne et de Saint-Janvier de Naples, chevalier des ordres de Saint-Louis et de Saint-Jean de Jérusalem, marié à Marie-Caroline-Antoinette de La Forest, dame de l'ordre des dames nobles de Marie-Louise d'Espagne; reçu en 1816, mort en 1831 ; quartiers : 1 Moustier, 2 Bournel, 3 Millet, 4 Menage.

994. Messire Nicolas-François-Louis comte de MAUCLERC, chevalier de Saint-Louis, marié à N.... de Chollet, reçu en 1816; quartiers : 1 Mauclerc, 2 Ambly, 3 Rennelle, 4 Pons-Rennepont.

995. Messire Philippe-Bonaventure chevalier de FROISSARD-BERSAILLIN, chevalier de Malte, gentilhomme honoraire de la chambre, reçu en 1816; quartiers : 1 Froissard, 2 Froissard-Bersaillin, 3 Mailly-Château-Renaud, 4 Henrion.

996. Messire Louis de FROISSARD, comte de Broissia, marié à ....., reçu en 1816; quartiers : 1 Froissard, 2 Belot, 3 Mairot, 4 Ralky.

997. Messire Louis-Henri-François-Gabriel-Ferdinand comte de MONTRICHARD, officier de mousquetaires gris de la garde du roi, marié à Louise de La Rochefoucauld-Cousage, reçu en 1816; quartiers : 1 Montrichard, 2 Rougrave, 3 Rapine-de-Sainte-Marie, 4 Carpentier de la Tuillerie.

998. Messire Aimé-Louis-François marquis de Ballay, capitaine au régiment du roi, chevalier de Saint-Louis, seigneur de Marigna, marié à N.... Froissard de Bersaillin, reçu en 1816; quartiers : 1 Ballay, 2....., 3....., 4.....

999. Messire Frédéric-Guillaume-François Bouttechoux de Chavanne, officier aux Gardes-du-corps de Monsieur, marié à N.... de Castelmus de Vezin, reçu en 1816; quartiers : 1 Bouttechoux, 2 Groslés, 3....., 4.....

1000. Messire Albert-Jérôme-Joseph Bouttechoux de Chavanne, reçu en 1816; quartiers : 1 Bouttechoux, 2 Groslés, 3....., 4.....

1001. Messire Albert-Magdeleine-Claude comte de Lezet-Marnézia, nommé préfet de Lyon par Bonaparte, destitué, puis replacé à Blois par la restauration, et à sa déchéance replacé à Blois par Louis XVIII; marié à .... de Lage, reçu en 1816; quartiers : 1 Lezet, 2 Bressey, 3 Nettancourt, 4.....

1002. Messire Louis-Emmanuel-Alexandre de Saint-Mauris-Chatenois, comte et seigneur de Lambrey, Sainte-Marie et dépendances, marié à Gabrielle comtesse de Raigecourt, chanoinesse de Remiremont, chevalier des ordres de Malte et de Saint-Louis, capitaine, puis officier supérieur de dragons, servit avec ses frères et ses neveux aux armées royales, et s'empressa comme eux d'offrir ses hommages, ses services et ceux de son fils aux princes à l'époque de la restauration; reçu en 1816; quartiers : 1 Saint-Mauris, 2 Lallemand, 3 Raigecourt, 4 Gournay.

1003. Messire Ange-Philippe-Honoré Cte d'Esterno, marié à ...., reçu en 1817; quartiers : 1 Esterno, 2 Arvisenet, 3 Hennequin, 4 Joyeuse.

1004. Messire Emmanuel Mouchet, comte de Laubespin, marié à N.... de Destutt de Tracy, reçu en 1817; quartiers : 1 Mouchet, 2 du Tartre, 3 Scoraille, 4 Pons-Rennepont.

1817.

FIN.

TABLE

ALPHABÉTIQUE

DES

MAISONS REÇUES EN TIGE

DANS L'ORDRE DE SAINT-GEORGE.

Les numéros indiquent le nombre des Chevaliers que chacune d'elles lui a donnés, l'ordre, les circonstances et les époques de leur réception.

A

Accolans, 2.
Achey, 155, 292, 342, 414, 585, 625, 702, 715.
Aigremont, 512.
Allemand-Molprey, 618, 625.
Allenjoye, 255.
Amance, 148, 175, 407.
Amandre, 291, 655, 684, 926, 989.
Ambly, 923, 925.
Andelot, 5, 88, 103, 115, 116, 140, 226, 241, 448, 449, 509, 517, 598, 651, 654, 716, 740.

Angoulevent, 136, 146.
Arberg-Valengin, 215.
Arbois, 594.
Arbonnay, 507.
Arguel, 229, 548.
Arménier, 190.
Aroz, 553, 652.
Aubonne, 420, 421.
Augicourt, 500.
Azuel, 4, 5, 158, 200, 368, 457, 469.

B

Ballay, 275, 585, 650, 806, 810, 819, 874, 998.
Bauffremont, 6, 151, 227, 286, 297, 755.
La Baume-Saint-Amour, 626, 677, 701.
La Baume-Montrevel, 262, 588, 560, 777, 820, 821.
Beaujeu, 125, 251, 271, 572, 416, 461, 526, 584, 706.
Beaumotte, 7, 120, 221.
Belot, 742, 769, 771, 772, 776, 785, 796, 807, 811, 815, 827, 856, 875, 880, 940.
Bernard-Montessus ou Rully, 897, 954, 955, 982.
Le Blanc, 411.
Blaunay, 552.

Blicterswich, 168, 216, 265, 527, 567, 405, 602, 659, 700, 814.
Le Bœuf-de-Guyonvelle, 231, 584.
Bonvalot, 479.
Bougne, 214, 516, 451.
Bouttechoux, 895, 945, 965, 999, 1000.
Bouzies, 946, 947, 948, 955.
Bressey, 9, 86, 102, 194, 277, 429, 485, 681.
Brunecoff, 550.
Buffignécourt, 10.
Bussy, 516.
Butte, 8, 558.
Buzon, 902, 905, 951, 979.
Byans, 410, 489, 661.

C

Capelet, 259.
Chaffoy, 696.
Chalant, 245.
Chalons, 141, 169.
La Chambre, 240.
Champagne, 252, 298, 498, 690, 746, 842, 875, 952, 955, 984, 991, 992.
Chantrans, 541, 472.
Charmes, 11, 154.
Charmoille, 247, 520.
Chassagne, 722.
Chassey, 527.
Du Châtelet, 444, 822.

Chavirey, 688, 768.
Chauvirey, 12, 13, 254, 280.
Chemilly, 124.
Chenessey, 110.
Chilley, 370.
Chevigney, 16.
Chissey, 549.
Cicon, 500, 556, 566, 590, 525, 545.
Citey, 246, 580, 504.
Clairon, 14, 15, 418, 572, 575, 650, 651.
Clermont, 452, 601.
Conflans, 17.

TABLE ALPHABÉTIQUE.

Constable, 750, 770, 846.
Coquelain-de-Germigney, 854, 898.
Coublans, 387, 458.
Courbessaint, 474.

Crécy, 825, 957, 958.
Crosey, 699, 727, 760.
Culz, 462, 465, 541, 616, 637, 665, 710, 720.
Cusance, 270, 294, 445, 557.

D

Deschamps, 104, 201, 275, 311, 454, 478, 495, 578, 614, 615.

Diesbach, 524.
Dompré, 18.

E

Emskerke, 729.
Epenoys, 165.

Esterno-de-Salins, 914, 1003.

F

Falerans, 269, 398.
Faletans, 170, 302, 599, 676, 756, 757, 832, 858, 909, 919, 964, 970.
Ferrette, 550.
Flamerand, 157.
Fouchiers, 404, 425, 691.
Franchet, 775, 899, 916, 954, 986.

Franquemont, 244, 248, 261, 409, 550.
Friant, 19, 20, 119, 222, 257, 450.
Froissard, 766, 784, 787, 791, 851, 904, 956, 983, 985, 995, 996.

G

Gevigney, 21, 95, 106, 191, 427.
Gilley, 678.
Gorrevod, 569, 675.
Grachaux, 419, 551, 652, 704.
Grammont-Grange, 22, 25, 90, 94, 101, 117, 118, 122, 178, 189, 197, 211, 212, 230, 305, 310, 389, 401, 417, 446, 460, 475, 487, 496, 510, 515, 532, 555, 542, 554, 555, 569, 577, 586, 605, 608, 612, 655, 745, 829, 859, 860, 886, 956, 980.
Grandvillars, 209.
Grivel, 849, 888, 961, 990.
Guyot, 858, 840, 881, 887, 901.

H

Hagenbach, 24, 25.
Haraucourt, 283, 544, 456, 525, 565, 658.

La Haye, 228.
Hung, 26.

I—J

Jaquelain, 154, 225, 415, 548, 567.
Jaucour:, 259.
Igny, 220, 284.
La Jonchières, 558.
Jouffroy, 640, 645, 667, 707, 708, 757, 745, 804, 810, 812, 815, 850, 854, 867, 870, 871, 872, 878, 884, 929, 959, 975, 978, 987, 988.
Iselin, 682, 755, 805, 910, 911.

L

Lallemand, 620, 712, 748, 779, 785, 794, 826, 847, 853, 866, 915, 917.
Lambrey, 151, 153, 295, 406.
Lanans, 242, 522, 505.
La Palud, 100, 173, 265, 521, 581, 415.
Lannoy, 507, 748.
Lantenne, 27, 28, 554.
Laubespin, 470, 522, 565, 617.
Lavier, 758.
Laviron, 400.

Lavoncourt, 206, 285.
Leugney, 29, 87, 150, 159, 203, 272, 279, 289, 513, 552, 561, 491.
Lezét, 641, 687, 802, 859, 850, 889, 941, 945, 949, 1001.
Livron, 258.
Loige, 150.
Longeville, 50, 51, 125.
Longvy, 501, 531.
Du Louverot, 629, 647, 759, 780.

M

Mailleroncourt, 158.
Mailly, 164.
Maisière, 570, 649.
Maisouveaux, 571.
Malin, 99.

Mandre, 441, 442, 527, 528, 529, 562, 585, 619, 624, 648.
Mangerost, 129, 157, 506, 556, 558.

Marmier, 942.
Marenche, 721.
Marnix, 685, 715, 789, 855.
Mathay, 520, 557, 591.
Nauclerc, 944, 994.
Meligny, 266, 466, 477, 554.
Moffans, 526, 408, 545.
Mollans, 1.
Montagu-Boutavent, 664, 669, 679.
Montbéliard, 249.
Montclef, 204, 255.
Montfort-Taillant, 459.
Montfort-Ternier, 724.
Montjustin, 121, 504.
Montmartin, 52, 85, 92, 105, 152, 172, 186, 196, 560, 544.
Montrichard, 252, 596, 622, 698, 782, 824, 825, 848, 952, 960, 967, 997.

Montrichier, 97.
Montrou, 555.
Montrost, 55, 108, 127, 157.
Mont-Saint-Ligier, 54, 346, 591, 464.
Montureux-en-Ferrette, 114, 147, 187, 517, 552, 447, 486.
Montureux-sur-Saône, 524.
Mouchet de Besançon ou Château-Rouillaud, 167, 171, 245, 512, 484.
Mouchet-Battefort ou Laubespin, famille de Poligny, 809, 894, 924, 959, 957, 958, 1004.
Moustier, 55, 519, 585, 490, 596, 654, 672, 709, 751, 752, 767, 852, 971, 972, 995.
Moyria, 950, 951, 950, 962.
Muguans, 260, 518, 519, 588.

N

Nant, 56, 57.
Nance, 471.

Neufchâtel, 126, 184, 192, 225.
Noidans, 58, 295.

O

Occors, 159, 440.
Oiselet, 586, 465, 467, 540, 561, 575, 611, 657, 666.
Orchamps, 217.

Orsans, 59, 40, 41, 81, 155, 181, 188, 195, 505, 595, 597, 452, 508, 566, 695.

P

Du Pasquier, 788, 856, 852, 868, 877.
Peloux, 485.
Pernot-Grandvelle, 480, 514, 574.

Petitepierre, 174, 575.
Pierrefontaine, 156, 281, 555, 574, 502, 555, 604, 671.
Du Pin, 686, 756, 778.
Plaine, 454, 455, 556.

Poitier, 692, 749, 801.
Poligny, 658, 656, 705, 935.
Pontailler, 425, 564, 606.
Port, 42.
Poutier, 885, 896.

Pra, 607, 800, 841, 845.
Précipiano, 744, 759, 775.
Présentevillers, 345, 582, 428, 481.
Prevost, 605, 656.

Q

Queüve, 234, 468.

Quingey, 45, 166, 264.

R

Reinach, 539.
Raincour, 579, 592, 505, 697, 755, 857, 862, 865, 864, 876, 900, 908, 927, 928.
Ray, 44, 207, 219, 268, 276, 282, 299, 457.
Remilly, 536.
La Roche, 45, 511.
La Rochelle, 906, 907, 969.
Romain, 152.

Ronchaux, 46.
Roppe, 405.
Rosière-Sorans, 615, 670, 761, 797, 861, 879, 895, 905, 922, 968.
Rougemont, 47, 48, 49, 50, 51, 52, 53, 82, 96.
Rye, 54, 218, 267, 274, 514, 455, 655, 695.

S

Sacquenay, 595, 455, 482, 571, 589.
Sagey, 557, 545, 412, 495, 915, 977.
Saint-Aubin, 56.
Saint-Martin, 57, 160, 378.
Saint-Mauris-en-Montagne ou Châtenois, 58, 59, 60, 142, 162, 202, 549, 557, 558, 565, 488, 497, 551, 595, 594, 599, 609, 610, 659, 723, 764, 774, 786, 792, 965, 966, 975, 976, 981, 1002.

Saint-Mauris-Crilla ou de Salins, 595, 726.
Saint-Maurice-le-Muid ou Montbarey, famille de Dole, 580, 689, 765, 808, 818, 857, 912.
Saint-Seigne, 128, 176, 192, 224.
Du Saix, 765, 869, 890.
Salins-La Tour, 180.
Salives, 660, 758, 828, 845, 882, 921.
Saulx, 198.
Say, 55.

TABLE ALPHABÉTIQUE.

Scey-en-Varais, 84, 98, 515, 525, 555, 559, 559, 705, 751, 752, 816, 817, 851, 885, 974.
Sémoustier, 62.
Séroz, 61, 540, 577, 587.
Sonqet, 891.
Steure, 424.
Syvria, 475.

T

Du Tartre, 402, 476, 675, 694, 754, 781, 855, 892.
Tavanne, 559.
Tensey, 576.
Thon, 662.
Thoraise, 63.
La Tour-Saint-Quentin, 296, 518, 579, 627, 646, 680, 728.
Tournon, 798, 799.
La Touvière, 564.
Trestondam, 714, 790.
Thuillière-Montjoye, 255, 494, 865.

V

Vair, 64.
Vaivre, 205.
Vaudrey, 65, 112, 155, 290, 509, 555, 565, 575, 422, 499, 506, 592, 628, 645, 668, 674, 755.
Vautravers, 550.
Velleguindry, 149.
Veneres, 95.
Veunes, 66.
Vercel, 67, 68, 69, 288.
Verchamps, 89, 111, 145, 278.
Vergy, 185, 208, 528, 529, 554, 521, 568, 581, 582.
Laverne, 711.
Vers-Merceret, 717, 762, 844, 918, 920.
Vesoul, 70, 109, 177, 195, 450, 665, 725.
Vienne, 71, 199, 551, 451, 556.
Villars ou Villers, 115, 161, 255, 256, 547, 547, 590.
Villé ou Villey, 145, 179, 257, 287, 458, 445.
La Villeneuve, 459, 576, 655.
Villerslafaye, 685, 741, 750.
Viry, 455.
Visemal, 719, 795, 795.
Voisey, 165, 250, 508, 562, 456, 492.
Watteville, 624, 805.
Vuillaffans, 72, 85, 107, 258.
Wiltz, 747.
Vy, 73, 74, 75, 76, 77, 78, 79, 80, 91, 144, 185, 210, 215, 256, 325, 426, 501, 513, 546, 597, 600, 642, 644, 754.

TABLE DES MATIÈRES.

Réflexions et remarques sur la Chevalerie de Saint-George, pages 1 et suivantes...............	1
La décoration et ses couleurs..................	7
Époque présumée de sa fondation..............	14
Charte de 1366 portant les noms des gentilshommes présumés reçus à Saint-George, existant à cette époque, p. 14 et suivantes.................	14
Diverses critiques des prétendues listes de réceptions connues jusqu'ici, p. 25 et suivantes..........	25
Liste des Gouverneurs.......................	28
Auteurs qui en ont traité, p. 31 et suivante.......	31
Statuts suivis des réglemens de police et de cérémonial, p. 35 et suivantes.................	35
Liste de tous les Chevaliers reçus depuis sa première restauration de 1390, p......................	59
Table alphabétique des Maisons qui y ont été reçues en tige, p. 241 et suivantes.................	241

FIN DES TABLES.

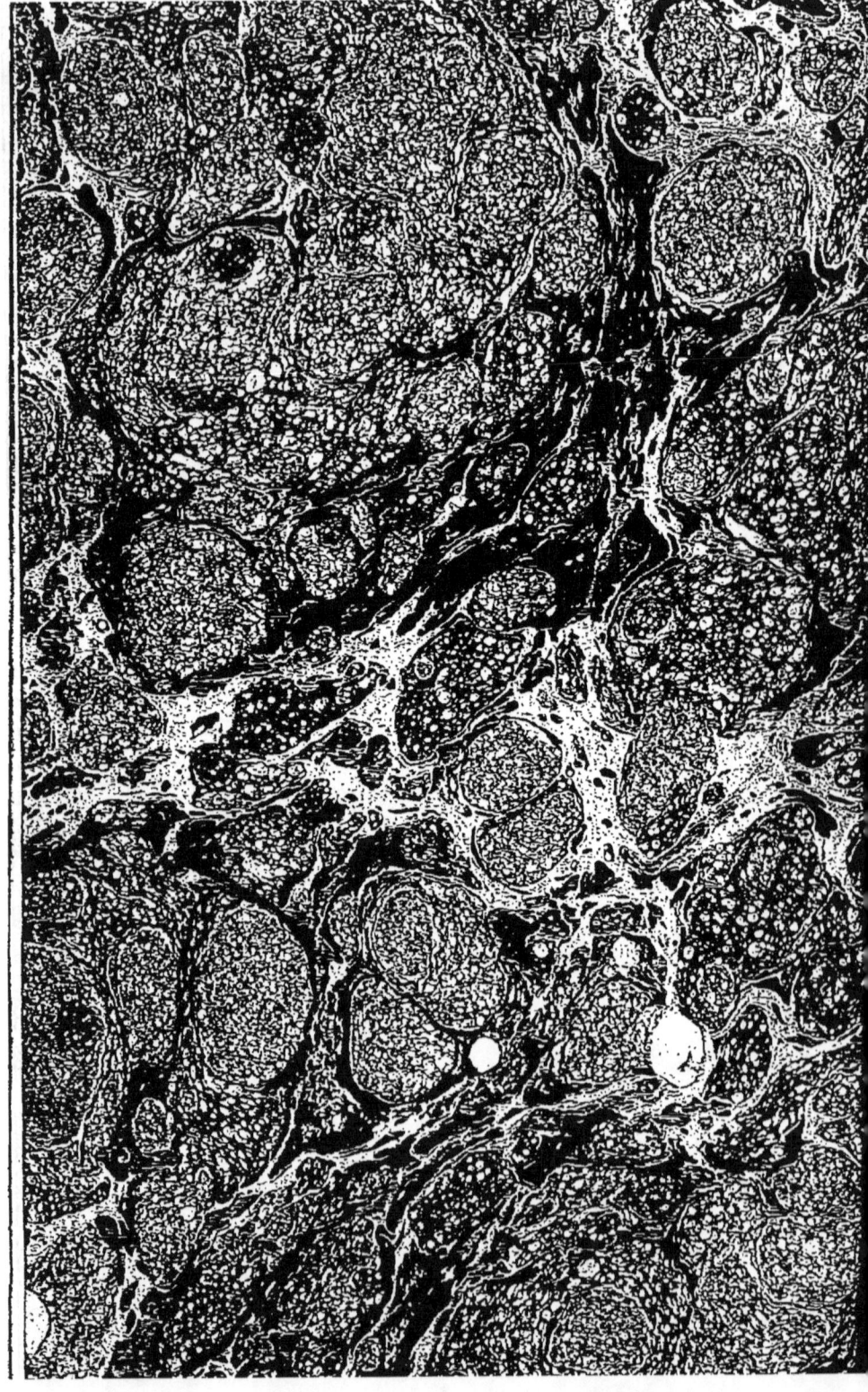

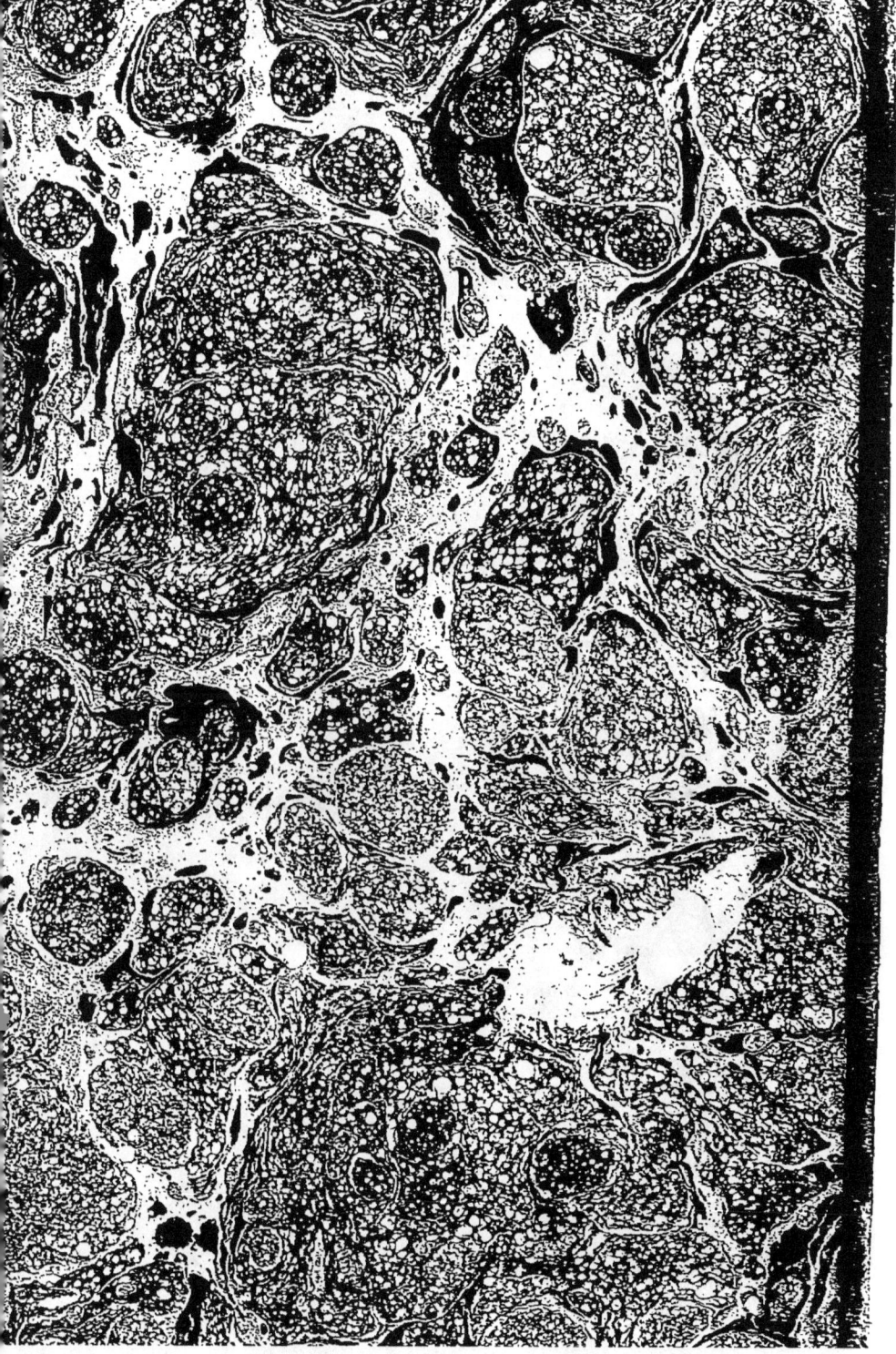

www.ingramcontent.com/pod-product-compliance
Lightning Source LLC
Chambersburg PA
CBHW050330170426
43200CB00009BA/1532